铁路货物装载加固典型案例分析与处理

（第二版）

周　杰　主　编

祝津海　副主编

中国铁道出版社有限公司

2025年·北　京

内 容 简 介

本书主要介绍棚车、敞车、平车等铁路常用货车装载加固、装卸作业典型案例，将调度指挥和日常货运工作中的实际问题案例与现场照片相结合，配以对应规章解释及应采取的措施，具有较强的针对性、实用性。

本书可作为货运装卸作业人员及货检人员培训教材，也可作为铁路专用线、专用铁路装卸人员工作参考用书。

图书在版编目(CIP)数据

铁路货物装载加固典型案例分析与处理 / 周杰主编.
2 版. -- 北京 ：中国铁道出版社有限公司， 2025. 7.
ISBN 978-7-113-32216-8

Ⅰ. U294.25

中国国家版本馆 CIP 数据核字第 2025ZL3583 号

书　　名：铁路货物装载加固典型案例分析与处理
作　　者：周　杰

责任编辑：聂宏伟　李纯一　　　编辑部电话：(010)51873024
封面设计：尚明龙　郭瑾萱
责任校对：刘　畅
责任印制：赵星辰

出版发行：中国铁道出版社有限公司(100054，北京市西城区右安门西街 8 号)
网　　址：https://www.tdpress.com
印　　刷：北京联兴盛业印刷股份有限公司
版　　次：2019 年 10 月第 1 版　2025 年 7 月第 2 版　2025 年 7 月第 1 次印刷
开　　本：710 mm×1 000 mm 1/16　印张：11.75　字数：172 千
书　　号：ISBN 978-7-113-32216-8
定　　价：48.00 元

前　言

随着社会进步和科技发展，铁路货物运输对货车装载质量和货物运输安全提出了更新更高的要求，特别是《铁路专用线运营服务管理办法》(铁货〔2024〕107 号)、《铁路货运安全管理规则》(铁货〔2024〕58 号)、《铁路集装箱运输规则》(铁货〔2022〕168 号)、《货车篷布管理规则》(铁货〔2022〕102 号)等新版规章的发布施行以及运输方式的优化，对现场作业人员的素质要求也越来越高。

为了使货运作业人员尽快熟悉新技术、新设备、新规章，正确分析典型案例，并能熟练掌握处理装载加固问题的方法和技巧，编者依照现行规章的要求，更新了案例原因分析及处理措施中涉及的条文标准，增删部分案例，修订再版《铁路货物装载加固典型案例分析与处理》一书。本书将调度指挥和日常货运工作中积累的典型案例与现场实际装载图片相结合，提出了科学的分析与处理方法，旨在对现场作业起到借鉴及指导作用，让一线职工在作业中对照学习，提升岗位技能，确保铁路货物运输安全。

本书由周杰任主编，祝津海任副主编，王伟卿、付强、姬怀梅、高伟伦参加编写工作。由于编写人员业务水平和工作经验有限，书中难免存在不足之处，望各位读者批评指正。

编　者

2025 年 5 月

目　录

第一章 棚 车

棚车是铁路货物运输常用车型之一，主要用于运输各种怕日晒、雨雪侵袭的贵重货物，各种箱装、袋装货物，以及散装木片等货物。对保密物资、涉外物资、精密仪器、展览品，能用棚车装运的必须使用棚车装运，不得用其他货车代替。在铁路运输中，因承运人未拨配状态良好的棚车、因装车单位未按装载加固方案装载货物、因货运员未执行监装和未执行交接检查规定，常会导致以下问题的发生。

一、棚车货物坠落

2024 年 3 月 26 日 14 时 36 分，某货检站西场 6 道接 48462 次列车，外勤货运检查员作业检查到机后第 40 位棚车（P_{70}3829345）接押运人报告，有 2 只铁皮箱经过道岔时坠落到线路上。外勤货运检查员立即将情况上报货检值班员，货检值班员将该问题上报铁路公安派出所，经铁路公安人员组织寻找，在进站道岔线路旁发现 2 只铁皮箱，同时现场发现调车信号机机罩严重变形，如图 1-1 和图 1-2 所示，并将该情况通知车站值班员。铁路公安人员现场与押运人核实相关信息并确认箱内货物齐全后，将 2 只铁皮箱移交押运人。

图 1-1 坠落变形的铁皮箱

图 1-2 调车信号机机罩变形

1. 主要问题及原因

(1)押运人在列车运行时为纳凉，擅自将2只铁皮箱放到打开的车门口处就座，违反货物装载的基本技术要求，未做到使货物稳定、合理地分布在货车上，导致货物坠落和击打调车信号机的发生，是问题发生的直接原因，构成铁路交通一般C类事故(C16、C17)。［依据《铁路货物装载加固规则》(铁总运〔2015〕296号，以下简称《加规》)第四条，《铁路交通事故调查处理规则》第十四条］

(2)押运人未遵守押运人须知中规定的事项和有关铁路货物运输的规定，是问题发生的主要原因。［依据《铁路货物运输规程》(铁运〔1991〕40号，以下简称《货规》)第十八条和格式六］

(3)在装车站，货运人员对押运人未做到安全注意事项宣传工作，是问题发生的重要原因。(依据《货规》第十八条)

2. 安全风险及隐患

(1)押运人在押运过程中擅自搬动货物，改变其位置，违反货物装载加固的基本技术要求，将会使货物装载不稳定、不合理地分布在货车上，如条件耦合将发生货物坠落，存在安全风险。

(2)货物坠落时，在列车运行中，可能会击打邻线机车车辆、行车设备、线路施工人员，存在安全风险。

3. 作业标准

(1)在装车站，货运人员对押运人做好安全注意事项宣传工作，对押运人须知和安全风险等内容进行重点提示。(依据《货规》第十八条)

(2)押运人严格遵守押运人须知中规定的事项和有关铁路货物运输的规定。(依据《货规》第十八条和格式六)

(3)押运人在押运过程中不得随意搬动货物，改变其位置，应确保货物装载稳定、合理地分布在货车上。(依据《加规》第四条)

4. 应采取的处理措施

(1)装车后货运员检查发现押运人擅自搬动货物改变其位置时，应及时组织其改正，并做好安全注意事项宣传工作。(依据《加规》第四条，《货规》第十八条)

(2)中间站保留及甩挂作业的货物列车，发现押运人擅自搬动货物改变其位置时，应及时组织其改正，并做好安全注意事项宣传工作。[依据《货规》第十八条，《铁路货物运输管理规则》(铁运〔2000〕90 号，以下简称《管规》)第四十二条，《铁路货运检查管理规则》(铁总运〔2016〕21 号，以下简称《货检规》)第六条]

(3)货检站检查发现押运人擅自搬动货物改变其位置时，应及时组织其改正，并做好安全注意事项宣传工作，并按照规定拍发电报和编制普通记录。(依据《货检规》第二十三条、第二十五条，《货规》第十八条，《管规》第四十四条)

二、棚车车门处挂有绳索

2023 年 9 月 11 日 11 时 05 分，某货检站二场 8 道接 22308 次列车，货检员现场作业发现机后第 11 位空棚车(P_{64}3318237)运行方向左侧车门处挂有绳索，如图 1-3 所示。

图 1-3 棚车车门处挂有绳索

1. 主要问题及原因

(1)卸车后，装卸工组未按货运员要求将车内残留的绳索清理干净，也未配合货运员检查车内是否清扫干净，导致绳索从车门缝处脱垂，是问题发生的直接原因。[依据《管规》第十五条，《货规》第三十条，《铁路货物装卸安全技术规则》(铁总运〔2015〕244 号，以下简称《装卸安技规》)第十七条]

(2)货运员未落实验收规定，是问题发生的重要原因。(依据《装卸安技

规》第十八条)

2. 安全风险及隐患

(1)卸车后,货运员未落实验收规定,存在安全风险。

(2)棚车车门处挂有绳索,当列车运行时,飘起的绳索存在刮打行车设备、伤及线路作业人员等隐患,危及行车安全。

3. 作业标准

(1)卸车后,装卸工组要按货运员要求将车内残留的绳索清理干净,要配合货运员检查车内是否清扫干净。(依据《管规》第十五条,《货规》第三十条,《装卸安技规》第十七条)

(2)货运员要落实验收规定,合格后给装卸工组签认"装卸作业单"。(依据《装卸安技规》第十八条)

4. 应采取的处理措施

(1)卸车后,货运员验收发现车内有残留绳索时,组织装卸工组清除车内残留绳索。(依据《装卸安技规》第十八条,《管规》第十五条,《货规》第三十条)

(2)中间站保留及甩挂作业的货物列车,发现棚车车门处挂有绳索时,车站要及时处理。(依据《管规》第四十二条,《货检规》第六条)

(3)货检站检查发现棚车车门处挂有绳索时,在列整理并按照规定拍发电报。(依据《货检规》第二十三条、第二十五条,《管规》第四十四条)

三、棚车车体倾斜

棚车在平直线路上,车体倾斜超过 75 mm,如图 1-4 所示;旁承游间压死,如图 1-5 所示。

1. 主要问题及原因

(1)装车单位违反货物装载加固的基本技术要求,未做到使货物均衡、稳定、合理地分布在货车上,未做到不偏载,导致问题发生。(依据《加规》第四条)

(2)铁路组织装车时,车站货运员未认真执行监装,装车后未认真检查装载情况,是问题发生的重要原因之一。[依据《铁路货物装卸管理规则》(铁总运〔2017〕168 号,以下简称《装卸管规》)第四十三条,《管规》第十四条,《装卸安技规》第十八条]

图 1-4 棚车车体倾斜

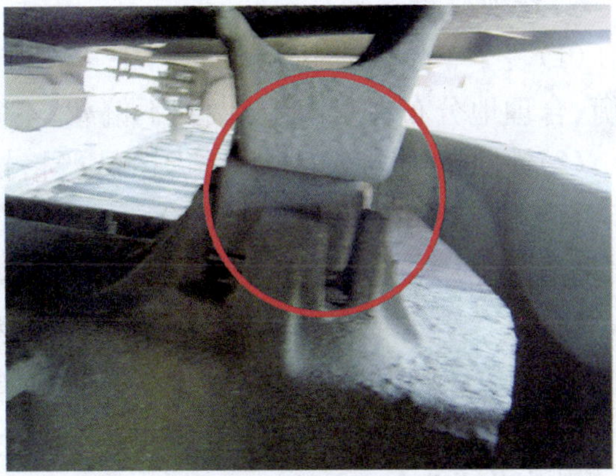

图 1-5 棚车旁承游间压死

(3)在专用线装车时，货运员未认真严格指导专用线按方案装车，未遵守重点货物现场检查把关的规定，导致车辆偏载，是问题发生的重要原因之一。[依据《铁路车站货运作业　第 4 部分：专用线作业》(TB/T 2116.4—2005)中“4 专用线作业要求”之“4.2 装车作业”的项目 4]

(4)车辆技术状态不良，导致旁承游间压死，是问题发生的重要原因之一。[依据《铁路技术管理规程(普速铁路部分)》(铁总科技〔2017〕221 号，以下简称《技规》)第二百六十九条]

2. 安全风险及隐患

(1)如装车单位违反货物装载加固的基本技术要求，将会使货物装载不均衡、不稳定、不合理地分布在货车上，造成车辆偏载，导致车体倾斜超过 75 mm 或车辆旁承游间一侧压死，如条件耦合将发生列车脱轨或颠覆，存在安全风险。

(2)因货物装载不均衡，造成车体倾斜超过 75 mm，同时由于车辆技术状态不良，车辆旁承游间一侧压死，当车辆运行至半径较小的曲线弯道或岔线时，车辆走行部不能顺利通过，容易造成车辆颠覆等行车事故，存在安全隐患。

(3)车体倾斜超过 75 mm 时，产生车辆重心偏移，存在燃轴、热切或车辆脱线风险。

3. 作业标准

(1)装车单位认真执行《加规》中货物装载加固的基本技术要求，使货物均衡、合理地分布在货车上，做到不偏载、不倾斜。(依据《加规》第四条)

(2)铁路组织装车时，车站货运员严格执行《管规》规定，认真监装，装车后认真检查装载情况，发现不符合要求时，及时组织装卸人员进行整理。(依据《装卸管规》第四十三条，《管规》第十四条，《装卸安技规》第十八条)

(3)在专用线装车时，货运员严格指导专用线按方案装车，对重点货物现场检查把关，避免货物偏载、倾斜问题发生。[依据《铁路车站货运作业　第4部分：专用线作业》(TB/T 2116.4—2005)中“4 专用线作业要求”之“4.2 装车作业”的项目4]

(4)装车后车体倾斜不得超过75 mm，同一转向架旁承游间左右之和为2～20 mm(弹性旁承及旁承承载结构的除外)；常接触式旁承上下无间隙。(依据《技规》第二百六十九条)

4. 应采取的处理措施

(1)装车站(专用线)货运员检查发现棚车车体倾斜超过75 mm或棚车旁承游间压死(常接触式旁承上下无间隙除外)问题时，应及时组织装卸人员进行整理，符合规定后允许编入列车。(依据《技规》第二百六十九条，《装卸管规》第四十三条，《管规》第十四条、第十六条)

(2)中间站保留及甩挂作业的货物列车，发现棚车车体倾斜超过75 mm或棚车旁承游间压死(常接触式旁承上下无间隙除外)，应立即通知铁路局集团公司调度，并及时处理。(依据《管规》第四十二条，《技规》第二百六十九条，《货检规》第六条)

(3)货检站检查发现棚车车体倾斜超过75 mm或棚车旁承游间压死(常接触式旁承上下无间隙除外)时，必须甩车换装整理，并按照规定拍发电报和编制普通记录。(依据《技规》第二百六十九条，《货检规》第二十三条、第二十五条)

四、棚车车门侧面出槽

棚车车门出槽货物露出，如图1-6所示；棚车车门一侧出槽，如图1-7所示。

图 1-6 棚车车门出槽货物露出

图 1-7 棚车车门一侧出槽

1. 主要问题及原因

(1)承运人未拨配状态良好的货车装载货物。装车前,装车单位未对车厢的完整状况进行检查。因车门整体宽度大于车体两侧卡铁之间宽度,车门关闭后,一侧或两侧车门与卡铁间存在间隙,在车辆运行时,受纵向力的作用,车门发生窜动,造成车门出槽。货物装载不稳定,发生货物倾倒挤压棚车车门,造成运行中棚车车门出槽,导致货物外露。(依据《货规》第二十五条,《加规》第四条)

(2)车站组织装车后,货运员未认真执行检查车门的规定;在专用线装车后，货运员未执行交接检查规定，是问题发生的重要原因。[依据《装卸管规》第四十三条，《装卸安技规》第十八条，《管规》第十四条、第十六条，《铁路专用线专用铁路管理办法（试行）》（铁运〔1995〕107号，以下简称《专用线管理办法》）第三十一条，《铁路专用线运营服务管理办法》（铁货〔2024〕107号）第二十八条]

2. 安全风险及隐患

(1)如装车单位使用车门技术状态不良的棚车，可能发生棚车车门出槽；如货物装载不稳定，可能发生货物倾斜挤压棚车车门，造成棚车车门出槽及货物外露，可能发生货物丢失或被盗。如条件耦合可能造成棚车车门脱落及货物坠落，击打邻线机车车辆、行车设备和线路施工人员。

(2)棚车车门出槽后，在列车运行或调车作业中存在惯性，将会使棚车车门从一侧窜入另一侧，导致货物或车门坠落，如货物坠落较多时，会发生车辆严重偏载，造成列车（车辆）脱轨或颠覆等行车事故，存在安全隐患。

3. 作业标准

(1)承运人应拨配状态良好、清扫干净的货车装运货物。装车前，装车单位应对车厢的完整和清洁状况进行检查。（依据《货规》第二十五条）

(2)装车后，货运员要严格检查车门关闭状态，发现车门存在出槽问题时，及时组织装卸作业人员（企业运输员）进行整理，符合规定后接收，确保车门状态良好。（依据《装卸管规》第四十三条，《装卸安技规》第十八条，《管规》第十四条、第十六条，《专用线管理办法》第三十一条、第三十二条，《铁路专用线运营服务管理办法》第二十八条）

(3)对棚车车门两侧存在空隙的车辆，可将两车门滑轮与车门下部滑道用镀锌铁线进行交叉捆绑处理，防止车门发生窜动。

4. 应采取的处理措施

(1)中间站保留及甩挂作业的货物列车，发现棚车车门出槽及货物外露时，应立即通知铁路局集团公司调度，并及时处理。（依据《管规》第四十二条，《货检规》第六条）

(2)货物列车在编组站、区段站发车前，货运检查人员应认真执行区段负责制，按规定检查列车中门窗关闭情况，发现异状时，应及时处理。（依据《技规》第二百七十七条）

(3)货检站检查发现棚车车门出槽及货物外露时应甩车整理,并按规定编制记录和拍发电报通知有关单位。(依据《货检规》第二十三条、第二十五条)

五、棚车车门滑轮脱轨

棚车车门滑轮脱轨,如图 1-8 所示。

图 1-8 棚车车门滑轮脱轨

1. 主要问题及原因

(1)承运人未拨配状态良好的棚车装载货物,因车门滑轮向外弯曲变形,造成滑轮脱离滑道。同时货物装载不稳定,造成货物倾斜挤压棚车车门,导致运行中棚车车门滑轮脱离滑道。(依据《货规》第二十五条,《加规》第四条)

(2)车站组织装车后,货运员未认真检查棚车车门关闭情况,是问题发生的重要原因之一;在专用线装车后,货运员未执行交接检查规定,是问题发生的重要原因之一。(依据《装卸管规》第四十三条,《装卸安技规》第十八条,《管规》第十四条、第十六条,《专用线管理办法》第三十一条,《铁路专用线运营服务管理办法》第二十八条)

2. 安全风险及隐患

(1)如承运人拨配的棚车滑轮存在问题,如条件耦合会发生棚车车门及装载的货物坠落,击打邻线机车车辆、行车设备和线路作业人员,同时还可能发生列车脱轨或颠覆,存在安全风险。

(2)棚车车门滑轮脱轨,车辆在运行或调车作业中在惯性作用下,可能会发生车门脱落及货物坠落,严重影响本线和邻线行车安全,同时存在货物坠落导致车辆偏载，引起车辆脱轨或颠覆的安全隐患。

3. 作业标准

（1）装车前，装车单位检查发现棚车车门滑轮向外弯曲变形、滑轮脱轨时禁止使用。（依据《货规》第二十五条）

（2）装车后，货运员要严格检查车门关闭状态，发现车门滑轮脱轨时，及时组织装卸作业人员（企业运输员）进行整理，确保车门状态良好。（依据《装卸管规》第四十三条，《装卸安技规》第十八条，《管规》第十四条、第十六条，《专用线管理办法》第三十一条、第三十二条，《铁路专用线运营服务管理办法》第二十八条）

（3）棚车车门关闭后，疑似滑轮有脱轨迹象时，可用镀锌铁线将滑轮与滑道进行捆绑。

4. 应采取的处理措施

（1）中间站保留及甩挂作业的货物列车，发现棚车车门滑轮脱轨时，应立即通知铁路局集团公司调度，并及时处理。（依据《管规》第四十二条，《货检规》第六条）

（2）货检站检查发现棚车车门滑轮脱轨时应甩车整理，必要时进行换装整理，按规定编制记录并拍发电报通知有关单位。（依据《货检规》第二十三条、第二十五条）

六、棚车车门滑道损坏

棚车车门滑道断裂，如图 1-9 所示；棚车车门滑道变形、开焊，如图 1-10 和图 1-11 所示；棚车车门滑道断开，如图 1-12 所示。

图 1-9　棚车车门滑道断裂

图 1-10 棚车车门滑道变形、开焊

图 1-11 棚车车门滑道开焊

图 1-12 棚车车门滑道断开

1. 主要问题及原因

(1)承运人未拨配状态良好的棚车装载货物。装车前,装车单位未对车厢的完整状况进行检查。棚车车门滑道断裂、变形、开焊和断开,存在滑轮脱离滑道问题。(依据《货规》第二十五条)

(2)车站组织装车后,货运员未认真检查车门关闭情况;在专用线装车后,货运员未执行交接检查规定。(依据《装卸管规》第四十三条,《装卸安技规》第十八条,《管规》第十四条、第十六条,《专用线管理办法》第三十一条,《铁路专用线运营服务管理办法》第二十八条)

2. 安全风险及隐患

(1)如承运人未拨配状态良好的棚车装载货物,当棚车车门滑道断裂、变形、开焊和断开,存在滑轮脱离滑道问题时,如条件耦合会发生棚车车门及装载的货物坠落,击打邻线机车车辆、行车设备和线路作业人员,同时还可能发生列车脱轨或颠覆,存在安全风险。

(2)棚车车门滑道断裂、变形、开焊和断开,车辆在运行或调车作业中在惯性作用下,可能会发生车门脱落及货物坠落,严重影响本线和邻线行车安全,同时存在货物坠落导致车辆偏载,引起车辆脱轨或颠覆的安全隐患。

3. 作业标准

(1)承运人应拨配状态良好、清扫干净的货车装运货物。装车前,装车单位应对车厢的完整和清洁状况进行检查。(依据《货规》第二十五条)

(2)装车站货运员检查或交接检查发现棚车车门滑道断裂、变形、开焊和断开时,应组织装车单位进行换装处理。(依据《装卸管规》第四十三条,《装卸安技规》第十八条,《管规》第十四条、第十六条,《专用线管理办法》第三十一条、第三十二条,《铁路专用线运营服务管理办法》第二十八条)

4. 应采取的处理措施

(1)中间站保留及甩挂作业的货物列车,发现棚车车门滑道断裂、变形、开焊、断开时,应立即通知铁路局集团公司调度,并及时处理。(依据《管规》第四十二条,《货检规》第六条)

(2)货检站发现棚车车门滑道断裂、变形、开焊、断开时应甩车换装整理,按规定编制记录并拍发电报通知有关单位。(依据《货检规》第二十三条、第二十五条)

七、棚车车门缺少滑轮

棚车车门缺少滑轮，用木板代替滑轮，如图 1-13 所示；棚车车门下部滑轮缺失，如图 1-14 所示。

图 1-13 棚车车门滑轮用木板代替

图 1-14 棚车车门下部滑轮缺失

1. 主要问题及原因

(1)承运人未拨配状态良好的棚车装载货物。装车前，装车单位未对车厢的完整状况进行检查。(依据《货规》第二十五条)

(2)车站组织装车后,货运员未认真执行检查车门的规定;在专用线装车后,货运员未执行交接检查规定。(依据《装卸管规》第四十三条,《装卸安技规》第十八条,《管规》第十四条、第十六条,《专用线管理办法》第三十一条,《铁路专用线运营服务管理办法》第二十八条)

2. 安全风险及隐患

(1)若承运人未拨配状态良好的棚车装载货物,如使用缺少滑轮的棚车装载货物,可能发生棚车车门滑动脱落及装载货物坠落,击打邻线机车车辆、行车设备和线路作业人员,同时还可能发生列车(车辆)脱轨或颠覆,存在安全风险。

(2)棚车车门滑轮缺失,车辆在运行或调车作业中在惯性作用下,可能会发生车门滑动脱落及货物坠落,严重影响本线和邻线行车安全,同时存在货物坠落导致车辆偏载,引起车辆脱轨或颠覆的安全隐患。

3. 作业标准

(1)承运人应拨配状态良好、清扫干净的货车装运货物。装车前,装车单位应对车厢的完整和清洁状况进行检查,发现棚车车门滑轮缺失时禁止使用。(依据《货规》第二十五条)

(2)装车站货运员检查或交接检查发现棚车车门滑轮缺失时,组织装车单位进行换装处理。(依据《装卸管规》第四十三条,《装卸安技规》第十八条,《管规》第十四条、第十六条,《专用线管理办法》第三十一条、第三十二条,《铁路专用线运营服务管理办法》第二十八条)

4. 应采取的处理措施

(1)中间站保留及甩挂作业的货物列车,发现棚车车门滑轮缺失时,应立即通知铁路局集团公司调度,并及时处理。(依据《管规》第四十二条,《货检规》第六条)

(2)货检站发现棚车车门滑轮缺失时应换装整理,按规定编制记录并拍发电报通知有关单位。(依据《货检规》第二十三条、第二十五条)

八、棚车施封失效

棚车车门施封锁未使用挡圈,造成施封失效,如图 1-15 所示;棚车车门马蹄环未挂在压紧环钩上,造成施封失效,如图 1-16 所示;棚车车门钩头未插入止铁座内，造成施封失效，如图 1-17 所示。

图 1-15　施封锁未使用挡圈

图 1-16　马蹄环未挂在压紧环钩上

1. 主要问题及原因

(1)铁路组织装车施封或托运人组织装车施封时违规作业，未按照规定使用挡圈、马蹄环未挂在压紧环钩上、钩头未插入止铁座内，造成施封失效，导致问题发生。[依据《铁路运输用施封锁　第 1 部分：棚车锁》(TB/T 2775.1—2005)，《管规》第十四条，《货规》第四十八条，《专用线管理办法》第二十八条]

图 1-17　钩头未插入止铁座内

（2）发站货运人员没有按照规定对施封车辆进行检查，是造成施封失效的重要原因。（依据《装卸管规》第四十三条，《装卸安技规》第十八条，《管规》第十四条，《货规》第四十八条和附件二）

2. 安全风险及隐患

（1）装车站和专用线对棚车施封后，如货运员未按规定检查施封车辆，可能导致施封失效，发生货物丢失或被盗，存在货物运输安全隐患。

（2）施封失效，车门可自由开启，存在货物丢失或被盗的安全隐患。

3. 作业标准

（1）需要施封的货车，按规定施封，并用直径 3.2 mm（10 号）铁线将车门拧紧。已施封的货车应使用粗铁线将两侧车门上部门扣和门鼻拧固并剪断燕尾，在每一车门下部门扣处各施施封锁一枚。施封后须对施封锁的锁闭状态进行检查，确认落锁有效，车门不能拉开。（依据《管规》第十四条，《专用线管理办法》第二十八条，《货规》附件二）

（2）整车货物变更到站时，处理站应对该车的装载加固情况进行检查，对施封货车应检查施封是否完好，站名、号码是否与货物运单记载相符。（依据《管规》第三十四条）

（3）托运人组织装车凭封印交接的货物，发站货运员在交接检查时，发现有封印脱落、损坏、不符、印文不清或未按施封技术要求进行施封，应由托运

人改善后接收。(依据《装卸管规》第四十三条,《装卸安技规》第十八条,《专用线管理办法》第三十二条,《货规》第四十八条)

4. 应采取的处理措施

(1)中间站保留及甩挂作业的货物列车,发现棚车施封未按照规定使用挡圈、马蹄环未挂在压紧环钩上、钩头未插入止铁座内,造成施封失效,要及时处理。(依据《管规》第四十二条,《货检规》第六条)

(2)货物列车在编组站、区段站发车前,货运检查人员应认真执行区段负责制,按规定检查列车中货物施封情况,发现异状时,应及时处理。(依据《技规》第二百七十七条)

(3)货检站发现不破坏封印即能开启车门,应按规定拍发电报并补封,是否清点货件由发现站确定。(依据《货检规》第二十三条、第二十五条,《管规》第四十六条)

九、棚车车门锁结构部件失效

棚车车门压紧手柄和马蹄环连接部位轴销垫片脱落缺失,如图 1-18 所示;压紧手柄和马蹄环连接部位轴销使用螺栓与螺母代替,如图 1-19 所示;压紧手柄和马蹄环连接部位轴销可自由拔出,如图 1-20 所示;棚车门鼻断裂,如图 1-21 所示。

图 1-18 压紧手柄和马蹄环连接部位轴销垫片脱落缺失

图 1-19　使用螺栓与螺母代替轴销

图 1-20　压紧手柄和马蹄环连接部位轴销可自由拔出

图 1-21　门鼻断裂

1. 主要问题及原因

(1)承运人未拨配状态良好的棚车装载货物,因压紧手柄和马蹄环连接部位轴销垫片脱落缺失、使用螺栓与螺母代替轴销、压紧手柄和马蹄环连接部位轴销可自由拔出、棚车门鼻断裂等问题,造成棚车施封失效。(依据《货规》第二十五条)

(2)车站组织装车后,货运员未认真检查车门施封情况;在专用线装车后,货运员未执行交接检查规定,是棚车施封失效问题发生的重要原因。(依据《装卸管规》第四十三条,《装卸安技规》第十八条,《管规》第十四条、第十六条,《专用线管理办法》第三十一条、第三十二条,《铁路专用线运营服务管理办法》第二十八条)

2. 安全风险及隐患

(1)铁路组织装车或专用线组织装车,如货运员未按规定检查或检查交接上述问题车辆,存在施封失效问题,可能导致货物丢失或被盗,存在货物运输安全隐患。

(2)棚车车门锁结构部件失效,导致车门施封失去施封作用,车门可自由开启,存在货物丢失或被盗的安全隐患。

3. 作业标准

(1)承运人应拨配状态良好、清扫干净的货车装运货物。装车前,装车单位应对车厢的完整和清洁状况进行检查。(依据《货规》第二十五条)

(2)装车单位对技术状态不良的棚车,应及时通知承运人调换。(依据《货规》第二十五条,《专用线管理办法》第二十六条,《铁路专用线运营服务管理办法》第二十三条)

4. 应采取的处理措施

(1)中间站保留及甩挂作业的货物列车,发现棚车车门锁结构部件失效,存在上述问题造成施封失效时,要及时处理。(依据《管规》第四十二条,《货检规》第六条)

(2)货物列车在编组站、区段站发车前,货运检查人员应认真执行区段负责制,按规定检查列车中货物施封情况,发现异状时,应及时处理。(依据《技规》第二百七十七条)

(3)货检站发现施封的棚车,存在棚车施封失效,如压紧手柄和马蹄环连接部位轴销垫片脱落缺失、使用螺栓与螺母代替轴销、压紧手柄和马蹄环连接部位轴销可自由拔出、门鼻断裂等问题后，应拍发电报并补封，是否清点货件由发现站确定。（依据《管规》第四十六条）

十、空棚车车门开放

2024 年 11 月 16 日，甲站货检人员现场检查不彻底，没有认真确认棚车车门关闭状态，挂运上线后途中多个空棚车车门开放，如图 1-22 所示，在乙站被拦停处理。

图 1-22　空棚车车门途中开放

1. 主要问题及原因

(1)负责卸车的(专用线)单位在卸车完毕后未将车门关闭妥当；铁路组织卸车未按规定关闭车门，导致空棚车车门途中开放问题发生。（依据《货规》第三十条，《管规》第十五条，《专用线管理办法》第三十条，《装卸安技规》第十七条，《铁路专用线运营服务管理办法》第二十七条）

(2)铁路组织卸棚车或在专用线卸棚车，卸车后货运人员未按规定进行检查或交接检查，导致问题车上线运行，是问题发生的重要原因之一。（依据《装卸管规》第四十三条，《装卸安技规》第十八条，《管规》第十六条，《专用线管理办法》第三十一条，《铁路专用线运营服务管理办法》第二十八条）

(3)在货检站，未按规定检查和整理车门关闭状态，导致问题车上线运行并造成车门开放，也是问题发生的重要原因之一。（依据《货检规》第二十三

条、第二十五条,《管规》第三十二条)

2. 安全风险及隐患

如未按规定关闭空棚车车门,列车制动时,车门受到惯性作用易脱落,脱落的车门可能击打邻线机车车辆、刮打行车设备和线路施工人员等,存在安全风险。

3. 作业标准

(1)负责卸车的(专用线)单位在卸车时,应将货物彻底卸净,卸空后的货车应清扫干净,车门、车窗要关闭妥当。(依据《货规》第三十条,《铁路专用线运营服务管理办法》第二十七条)

(2)铁路组织卸车,卸完货后,卸车单位应按规定关闭棚车车门,货运员按规定验收作业质量。(依据《装卸管规》第四十三条,《管规》第十五条,《装卸安技规》第十七条、第十八条)

(3)在专用线卸完货后,货运员应按规定对空棚车门窗关闭状态进行交接检查,发现不符合规定时,应及时组织装卸人员(企业运输员)按规定进行关闭,防止空棚车车门开放。(依据《管规》第十六条,《专用线管理办法》第三十一条、第三十二条,《铁路专用线运营服务管理办法》第二十八条)

(4)在货检站,货检人员按规定检查车门关闭状态,发现不符合规定时,应及时在列整理,无法在列整理时,应甩车整理。(依据《货检规》第二十三条、第二十五条,《管规》第三十二条)

4. 应采取的处理措施

(1)在卸车站,货运人员检查发现空棚车车门关闭不符合规定时,应及时组织装卸人员按规定进行关闭,防止空棚车车门开放。(依据《装卸安技规》第十八条,《管规》第十六条)

(2)中间站保留及甩挂作业的货物列车,发现棚车车门开放,要及时处理。(依据《管规》第四十二条,《货检规》第六条)

(3)货物列车在编组站、区段站发车前,货运检查人员应认真执行区段负责制,按规定检查列车中车辆的门窗关闭情况,发现异状时,应及时处理。(依据《技规》第二百七十七条)

(4)货检站货检人员检查发现空棚车车门开放,应及时在列关闭,无法在列关闭时应甩车整理,按规定编制记录和拍发电报通知有关单位。(依据《货

检规》第二十三条、第二十五条,《管规》第三十二条)

十一、棚车车门外胀耽误列车

2021 年 4 月 11 日 17 时 00 分,19003 次货物列车到达丙站 3 道,17 时 12 分开车后,外勤立岗接车发现尾前第 2 位(机后 47 位)车辆(P_{63K}3305964,发站:甲站,到站:乙站,品名:碎木片)运行方向左侧车门外胀,如图 1-23 所示,立即呼叫司机停车,17 时 17 分列车停于区间下行线 K1435+001 处,值班站长现场检查确认车门上部外胀约 20 cm,如图 1-24 所示。18 时 55 分列车退回丙站 3 道,甩下尾部两辆车整理,如图 1-25 所示,列车 20 时 14 分开,耽误本列 3 h 2 min。

图 1-23　棚车车门外胀 1

1. 主要问题及原因

(1)装车单位违反规定,未使用门挡,导致碎木片挤压棚车车门,发生棚车车门外胀问题。(依据《加规》第二十条)

(2)铁路组织装车或专用线装车,现场货运员未按规定进行检查,是问题发生的重要原因。(依据《装卸管规》第四十三条,《管规》第十四条、第十六条,《装卸安技规》第十七条、第十八条)

图 1-24 棚车车门外胀 2

图 1-25 甩车整理

2. 安全风险及隐患

(1)如装车单位装载碎木片不使用门挡,可能发生货物挤压车门,在列车运行中会造成棚车车门挤落,货物坠落导致车门和货物严重影响本线列车运行安全,严重者将导致列车脱轨或颠覆,存在安全风险。

(2)碎木片挤压车门导致车门外胀并发生上部车门出槽,存在车门脱落、货物坠落风险,坠落车门及货物易造成击打邻线机车车辆、行车设备和线路作业人员,严重者将导致列车脱轨或颠覆,存在安全隐患。

3. 作业标准

(1)装车单位按规定在棚车两侧车门处安设门挡，不得将车门从车内反锁。(依据《加规》第二十条)

(2)铁路组织装车或专用线装车，货运员按规定进行检查或交接检查，发现不符合规定时，组织装车单位作业人员重新按规定处理，直至符合要求。(依据《装卸管规》第四十三条，《管规》第十四条、第十六条，《装卸安技规》第十七条、第十八条，《专用线管理办法》第三十二条)

4. 应采取的处理措施

(1)中间站保留及甩挂作业的货物列车，发现棚车车门外胀时，应通知铁路局集团公司调度，并及时处理。(依据《管规》第四十二条，《货检规》第六条)

(2)货物列车在编组站、区段站发车前，货运检查人员应认真执行区段负责制，按规定检查列车中车辆的门窗关闭情况，发现异状时，应及时处理。(依据《技规》第二百七十七条)

(3)货检站发现棚车车门外胀时，应甩车整理，并按规定编制记录和拍发电报通知有关单位。(依据《货检规》第二十三条、第二十五条)

十二、棚车车门开放耽误列车

2016 年 6 月 5 日 6 时 21 分，A 铁路局××线 X752 次货物列车丙站通过时，助理值班员发现机后第 4 位车辆(P_{64AK}3501922，发站：甲站，到站：乙站，品名：零快)运行方向左侧车门开放，如图 1-26 所示，车站值班员向列车调度员汇报。列车调度员接报后布置丁站停车处置(计划通过)。6 时 32 分，列车到达丁站停车。6 时 36 分，经随车工作人员下车检查处理，列车恢复运行，站内临时停车 4 min。

1. 主要问题及原因

(1)甲站货运员未对机后棚车车门关闭状态和加锁情况(安全锁虚挂在车门把手上)进行检查，导致问题发生。(依据《装卸管规》第四十三条，《装卸安技规》第十八条，《管规》第十四条)

(2)甲站货运值班员在检查棚车车门锁闭状态和对车门加锁情况进行拍照时，未发现车门未锁闭及安全锁虚挂在车门把手上的情况，是问题发生的重要原因之一。(依据《管规》第十四条)

图 1-26　列车运行途中车门开放

(3)装卸车作业完毕，货运车长未组织人员检查确认棚车车门是否关(锁)闭良好，也是问题发生的重要原因之一。[依据《铁路零散货物快运管理暂行规则》(铁总运〔2015〕354 号，以下简称《零散货物规则》)第四十八条]

(4)甲站业务科未按《A 铁路局货运检查管理细则》(A 铁货〔2016〕167 号)制定时速 120 km 货物列车货检作业办法，车站未及时调配人员对 X752 次货物列车进行全面检查，也是问题发生的重要原因之一。(依据《货检规》第二十三条、第二十五条)

2. 安全风险及隐患

(1)车站货运人员如不认真检查棚车车门关闭情况，列车运行中车门可能会开放，导致车门脱落、货物坠落，严重影响本线列车运行安全。如条件耦合将发生列车脱轨或颠覆，存在行车安全风险。

(2)棚车车门开放，易导致车门脱落、货物坠落，坠落车门和货物击打邻线机车车辆、行车设备和线路作业人员，存在安全隐患。如条件耦合将发生列车脱轨或颠覆，存在行车安全风险。

3. 作业标准

(1)装卸车单位装卸完货物后，应按规定关闭棚车车门。货运人员按规定检查车门关闭情况，不符合规定时及时组织装卸人员进行整理，符合后挂运。(依据《装卸管规》第四十三条，《管规》第十四条，《装卸安技规》第十七条、第十八条)

(2)装卸车作业完毕，货运车长组织人员检查确认棚车车门关(锁)闭状况良好。(依据《零散货物规则》第四十八条)

4. 应采取的处理措施

(1)中间站保留及甩挂作业的货物列车，发现棚车车门开放时，通知铁路局集团公司调度，并及时处理。（依据《管规》第四十二条，《货检规》第六条）

(2)货物列车在编组站、区段站发车前，货运检查人员应认真执行区段负责制，按规定检查列车中车辆的门窗关闭情况，发现异状时，应及时处理。（依据《技规》第二百七十七条）

(3)货检站检查发现棚车车门开放，应及时在列关闭，无法在列关闭时应甩车整理，按规定编制记录和拍发电报通知有关单位。（依据《货检规》第二十三条、第二十五条）

十三、货检作业漏检耽误列车

2021 年 1 月 4 日 14 时 47 分，X88351 次列车在丁站 3 道停车，14 时49 分开车，车站值班员在接车台监视列车运行过程中发现机后第 38 位车辆（P_{70}3829525，发站：甲站，到站：乙站，品名：饲料）运行方向右侧车门开放，立即呼叫 X88351 次司机紧急停车，X88351 次于 14 时 53 分停于××线区间，15 时 18 分现场处理完毕。15 时 28 分丁站组织 X88351 次试风完毕后区间开车，15 时 39 分到达前方站。影响本列 39 min。调取丙货检站出发视频监控，显示棚车车门已经开放，如图 1-27 所示。

图 1-27　视频监控显示棚车车门开放

1. 主要问题及原因

(1)铁路组织装车,装车站装卸人员违章作业,未对棚车车门按规定关闭。货运员未按规定检查棚车车门关闭情况,未发生棚车车门开放问题。(依据《装卸管规》第四十三条,《管规》第十四条,《装卸安技规》第十七条、第十八条)

(2)X88351次列车在接入丁站前已发生车门开启,丙站当班货检监控员、外勤货运检查员未认真履行职责,在对该车监控、货检作业时违反货检作业标准,是造成此次问题的直接原因。(依据《货检规》第二十三条、第二十五条)

2. 安全风险及隐患

(1)车站货运员和货检站货运检查人员如不按规定检查棚车车门关闭、加固情况,可能发生棚车车门开放,列车在运行中将会导致车门脱落、货物坠落,严重影响本线列车运行安全。如条件耦合将发生列车脱轨或颠覆等行车事故,存在安全风险。

(2)棚车车门开放,易导致车门脱落或货物坠落,坠落车门和货物击打邻线机车车辆、行车设备和线路作业人员,存在安全隐患。如条件耦合将发生列车脱轨或颠覆,存在行车安全风险。

3. 作业标准

(1)装车站按规定检查棚车车门关闭情况,货运员发现不符合规定时,组织装车单位按规定进行关闭、加固。(依据《装卸管规》第四十三条,《管规》第十四条,《装卸安技规》第十七条、第十八条)

(2)货检站货检人员按规定进行交接检查,发现不符合规定时,及时在列整理,无法在列整理时应甩车整理。(依据《货检规》第二十三条、第二十五条)

4. 应采取的处理措施

(1)中间站保留及甩挂作业的货物列车,发现棚车车门开放时,及时通知铁路局集团公司调度,并进行处理。(依据《管规》第四十二条,《货检规》第六条)

(2)货物列车在编组站、区段站发车前,货运检查人员应认真执行区段负责制,按规定检查列车中车辆的门窗关闭情况,发现异状时,应及时处理。(依据《技规》第二百七十七条)

(3)货检站检查发现棚车车门开放时,及时在列整理或甩车整理,并按规

定编制记录和拍发电报通知有关单位。(依据《货检规》第二十三条、第二十五条)

十四、液体货物渗漏耽误列车

2020 年 9 月 6 日 17 时 16 分,丙站值班员报告,列检反映 79573 次列车(计划 17 时 56 分开)机后第 6 位车辆(P3826396,发站:甲站,到站:乙站,品名:电动自行车)内泄漏液体,如图 1-28 和图 1-29 所示,通知货检及货运部门检查,货运部门检查后要求甩车,如图 1-30 和图 1-31 所示。车站甩车后 18 时 39 分开,影响本列始发晚点 43 min。

图 1-28　货物漏油污染车辆走行部

图 1-29　货物漏油污染车辆底部

图 1-30 货物装载不当

图 1-31 车内货物漏油

1. 主要问题及原因

(1)装车单位违反货物装载规定。破损货物(橄榄油)位于底层,顶部码放一层电动自行车,违反《零散货物规则》第三十三条“装卸货物应……大不压小、重不压轻”的规定,造成包装变形、内货渗漏,导致问题发生。

(2)装车站在制货票时未完整记载车内装载货物的品名。货票记载装载货物为电动自行车,实际装有电动自行车及橄榄油,车站违反《管规》第六条以及《货规》第二十一条的规定,未按运单核对货物品名是造成该起问题发生的重要原因。

2. 安全风险及隐患

(1)装车单位未考虑货物“重压轻”可能会导致轻质货物包装变形被压破

损，进而造成橄榄油渗漏，导致货物损失。

(2)如在列车运行中货物“重压轻”后导致轻质货物包装变形、橄榄油渗漏，长时间渗漏存在车辆偏载或偏重等安全隐患，问题严重时可能发生列车脱轨或颠覆甚至火灾等行车事故，存在安全风险。

3. 作业标准

(1)装车站货运内勤人员按照《铁路货运票据电子化管理暂行办法》(铁总货〔2018〕40 号)附件 1 规定，如实录入货物名称。

(2)装车单位装卸货物应轻拿轻放、大不压小、重不压轻、长不压短、码放稳固、标签向外，符合包装指示标志要求。

装车时，应将货物均衡装载在车地板上，货物码放与车门距离不得小于 100 mm，不超载、不偏载、不偏重、不集重，易滚动、窜动、倒塌的货物不得装在车门处或车内上层，并采用可靠的防滚动、防窜动、防倒塌措施。(依据《零散货物规则》第三十三条和附件 4)

(3)铁路组织装车，货运员按规定进行检查，发现不符合装载规定时，组织装车单位作业人员重新按规定处理，直至符合要求。(依据《管规》第十四条、《装卸安技规》第十七条、第十八条)

4. 应采取的处理措施

(1)中间站保留及甩挂作业的货物列车，发现车辆内泄漏液体(不明液体)时，及时通知铁路局集团公司调度，并进行处理。(依据《管规》第四十二条、《货检规》第六条)

(2)货检站检查发现车辆内货泄漏时，应甩车处理，同时按规定编制记录和拍发电报通知有关单位。(依据《货检规》第二十三条、第二十五条)

十五、货物偏重甩车耽误列车

2017 年 1 月 20 日 16 时 38 分，85605 次列车运行到丙站至丁站间，司机接红外线调度通知，机后第 1 位车辆(P_{63K}3301502，发站：甲站，到站：乙站，品名：大米)一级偏重，16 时 45 分到达丁站停车检查处理，经检查无异常后 17 时 54 分开。18 时 38 分，经戊站超偏载检测装置检测，监控系统显示偏重“后 16.5 t”，如图 1-32 和图 1-33 所示，戊站进行甩车处理，如图 1-34 和图 1-35 所示。

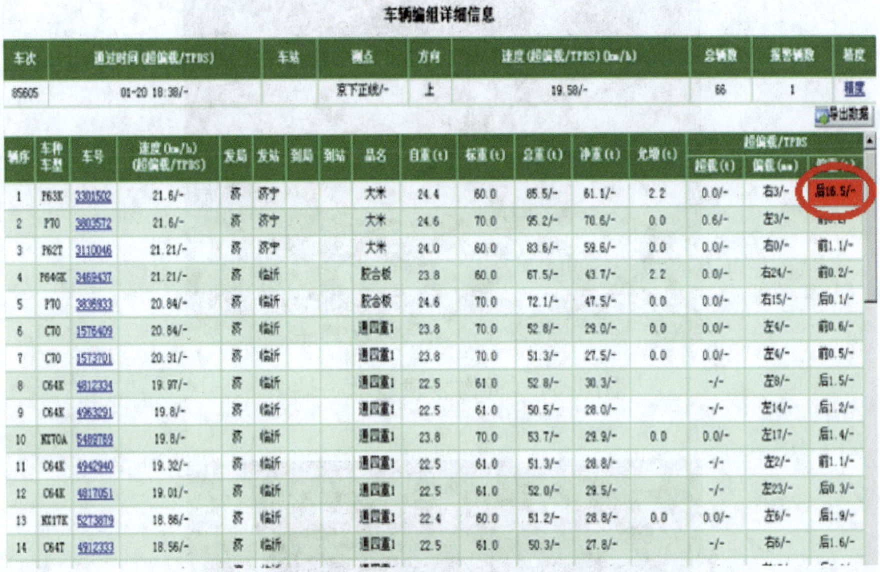

车辆编组详细信息

车次	通过时间(超偏载/TPDS)	车站	测点	方向	速度(超偏载/TPDS)(km/h)	总辆数	报警辆数	精度
85605	01-20 18:38/-		京下正线/-	上	19.58/-	66	1	精度

导出数据

辆序	车种车型	车号	速度(km/h)(超偏载/TPDS)	发局	发站	到局	到站	品名	自重(t)	标重(t)	总重(t)	净重(t)	允增(t)	超偏载/TPDS 超载(t)	偏载(mm)	[illegible]
1	P63K	3301502	21.6/-	济	济宁			大米	24.4	60.0	85.5/-	61.1/-	2.2	0.0/-	右3/-	后16.5/-
2	P70	3803572	21.6/-	济	济宁			大米	24.6	70.0	95.2/-	70.6/-	0.0	0.6/-	左3/-	[illegible]
3	P62T	3110046	21.21/-	济	济宁			大米	24.0	60.0	83.6/-	59.6/-	0.0	0.0/-	右0/-	前1.1/-
4	P64GK	3469437	21.21/-	济	临沂			胶合板	23.8	60.0	67.5/-	43.7/-	2.2	0.0/-	右24/-	前0.2/-
5	P70	3838933	20.84/-	济	临沂			胶合板	24.6	70.0	72.1/-	47.5/-	0.0	0.0/-	右15/-	后0.1/-
6	C70	1576409	20.84/-	济	临沂			通四重1	23.8	70.0	52.8/-	29.0/-	0.0	0.0/-	左4/-	前0.6/-
7	C70	1573701	20.31/-	济	临沂			通四重1	23.8	70.0	51.3/-	27.5/-	0.0	0.0/-	左4/-	前0.5/-
8	C64K	4812334	19.97/-	济	临沂			通四重1	22.5	61.0	52.8/-	30.3/-		-/-	左8/-	后1.5/-
9	C64K	4963291	19.8/-	济	临沂			通四重1	22.5	61.0	50.5/-	28.0/-		-/-	左14/-	后1.2/-
10	NX70A	5489789	19.8/-	济	临沂			通四重1	23.8	70.0	53.7/-	29.9/-	0.0	0.0/-	左17/-	后1.4/-
11	C64K	4942940	19.32/-	济	临沂			通四重1	22.5	61.0	51.3/-	28.8/-		-/-	左2/-	前1.1/-
12	C64K	4817051	19.01/-	济	临沂			通四重1	22.5	61.0	52.0/-	29.5/-		-/-	左23/-	后0.3/-
13	NX17K	5273879	18.86/-	济	临沂			通四重1	22.4	60.0	51.2/-	28.8/-	0.0	0.0/-	左6/-	后1.9/-
14	C64T	4912333	18.56/-	济	临沂			通四重1	22.5	61.0	50.3/-	27.8/-		-/-	右6/-	后1.6/-

图 1-32 超偏载检测数据

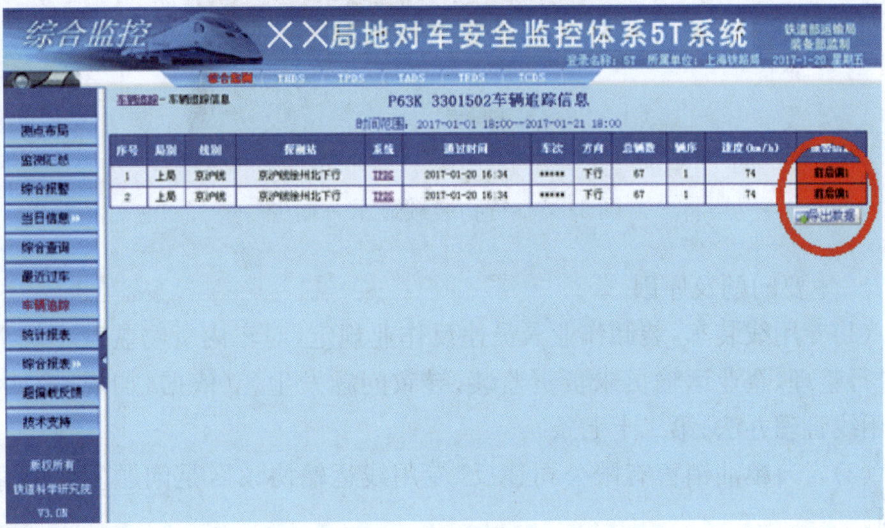

P63K 3301502车辆追踪信息

时间范围：2017-01-01 18:00--2017-01-21 18:00

序号	局别	线别	探测站	系统	通过时间	车次	方向	总辆数	辆序	速度(km/h)	[illegible]
1	上局	京沪线	京沪线徐州北下行	[illegible]	2017-01-20 16:34	*****	下行	67	1	74	前后偏
2	上局	京沪线	京沪线徐州北下行	[illegible]	2017-01-20 16:34	*****	下行	67	1	74	前后偏

导出数据

图 1-33 5T 检测数据

图 1-34　货物装载显示一端多

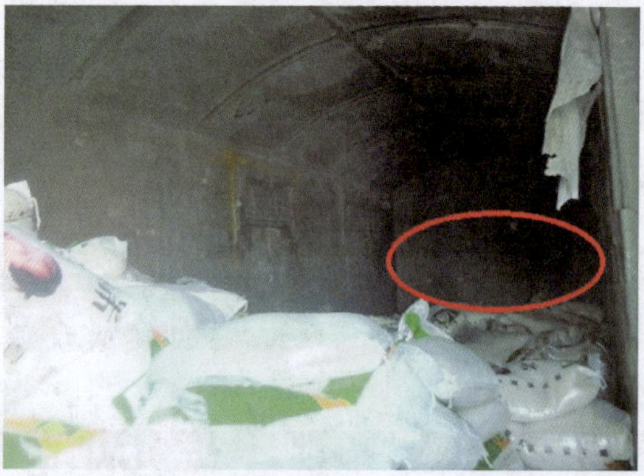

图 1-35　货物装载显示一端少

1. 主要问题及原因

(1)专用线装车,装卸作业人员违反作业规定,对车内货物装载不均衡没有进行整理,企业运输员未负责监装,导致问题发生。(依据《加规》第四条,《专用线管理办法》第二十七条)

(2)××粮油销售有限公司违反“专用线运输协议”,是问题发生的直接原因。

(3)专用线货运员违反规定,随意简化作业程序,在未认真检查货物装载状态的情况下,盲目要求关闭车门施封,是问题发生的重要原因。(依据《管

规》第十六条）

2. 安全风险及隐患

（1）如装车作业人员和货运检查人员未按规定作业，将可能发生车辆偏重，存在行车安全风险。

（2）车辆发生严重偏重时，易导致车辆燃轴或倾斜颠覆等行车事故，存在安全隐患。

3. 作业标准

（1）专用线装车，装卸作业人员应按规定作业，对车内货物装载要均衡排摆，不超载、不偏载、不偏重、不集重。企业运输员要负责监装，发生问题及时处理。（依据《加规》第四条，《专用线管理办法》第二十七条）

（2）专用线货运员按规定进行检查，发现不符合规定时，及时组织装卸作业人员进行整理，符合规定后允许编入列车。（依据《管规》第十六条，《专用线管理办法》第三十二条）

4. 应采取的处理措施

配有超偏载检测装置的货检站发现车辆偏载或偏重报警时，按《铁路货运计量安全检测设备运用管理规则》规定处理，并拍发电报。［依据《铁路货运计量安全检测设备运用管理规则》（铁总运〔2016〕272 号，以下简称《量规》）第五十七条、第五十八条］

第二章 敞 车

敞车是铁路货物运输常用车型之一，主要用于装运煤炭、焦炭、粮食、矿石、建材、机械设备、钢材及木材等货物。在铁路运输中，因承运人未拨配状态良好的敞车、因装车单位未按装载加固方案装载货物、因货运人员未执行监装和未执行交接检查等规定，常会导致以下问题的发生。

一、敞车车底架、走行部和制动缸覆盖积冰

2023 年 12 月 31 日 6 时 05 分，某货检站西场 8 道接 34001 次列车，货检员现场作业发现机后第 14 位敞车（C_{64K}4879564）装载的水渣，积冰覆盖车底架、走行部和制动缸，如图 2-1 和图 2-2 所示。

图 2-1 积冰覆盖车底架、走行部

1. 主要问题及原因

托运人装载含水量丰富的水渣时，未充分考虑严寒天气，是问题发生的直接原因。

2. 安全风险及隐患

（1）装载含水量丰富的水渣，在运行中遇到寒冷的天气，货车车底架、走行部等部件会结冰，危及行车安全。

图 2-2　积冰覆盖车底架、制动缸

(2)车底架、走行部和制动缸上覆盖积冰，存在积冰坠落击打邻线机车车辆、行车设备和线路作业人员风险，危及行车安全。

3. 作业标准

(1)严寒冬季，托运人要装载含水量较低水渣，避免发生车底架、走行部和制动缸积冰。

(2)严寒冬季，货运员交接检查发现敞车装载水渣含水量大，往车底下滴落成“冰溜”时，验收不合格。

4. 应采取的处理措施

(1)严寒冬季，货运员交接检查发现敞车装载水渣含水量大，往车底下滴落成“冰溜”时，验收不合格。

(2)中间站保留及甩挂作业的货物列车，发现车底架、走行部和制动缸积冰多时，车站要及时处理。(依据《管规》第四十二条，《货检规》第六条)

(3)货检站检查发现车底架、走行部和制动缸积冰多时，甩车处理并按照规定拍发电报和编制普通记录。(依据《货检规》第二十三条、第二十五条，《管规》第四十四条)

二、敞车侧开门折页断裂

2024 年 10 月 21 日 16 时 05 分，某货检站西场 8 道接 46005 次列车，货检员现场作业发现机后第 31 位敞车(C_{70}1600991)装载煤炭，运行方向左侧侧开门折页断裂，如图 2-3 所示。

图 2-3　敞车侧开门折页断裂

1. 主要问题及原因

(1)专用线(单位)企业运输员在装车前后均未认真检查车辆,是问题发生的直接原因。(依据《专用线管理办法》第二十六条、第二十八条,《铁路专用线运营服务管理办法》第二十三条、第二十五条)

(2)货运员与企业运输员交接检查时,未认真执行交接规定,是问题发生的重要原因。(依据《专用线管理办法》第三十一条,《铁路专用线运营服务管理办法》第二十八条)

2. 安全风险及隐患

(1)企业运输员和货运员未认真检查车辆,敞车侧开门折页断裂未发现,存在侧门脱落和货物坠落行车安全隐患,严重影响本列车行车安全。

(2)敞车侧开门折页断裂,存在侧开门和货物坠落击打邻线机车车辆、行车设备和线路作业人员隐患,如条件耦合将发生列车脱轨或颠覆,存在行车安全风险。

3. 作业标准

(1)专用线(单位)企业运输员在装车前,应认真检查车辆,发现敞车侧开门折页断裂,应向车站提出调换。(依据《专用线管理办法》第二十六条,《铁

路专用线运营服务管理办法》第二十三条)

(2)货运员与企业运输员交接检查时,认真执行交接规定,发现敞车侧开门折页断裂,应通知企业运输员卸车,调换车辆,重新装车符合规定后接收。(依据《专用线管理办法》第二十六条、第二十八条、第三十一条、第三十二条,《铁路专用线运营服务管理办法》第二十八条)

4. 应采取的处理措施

(1)货运员与企业运输员交接检查时,应认真执行交接规定,发现敞车侧开门折页断裂,通知企业运输员卸车,调换车辆,重新装车符合规定后接收。(依据《专用线管理办法》第二十六条、第二十八条、第三十一条、第三十二条,《铁路专用线运营服务管理办法》第二十八条)

(2)中间站保留及甩挂作业的货物列车,发现敞车侧开门折页断裂时,车站要及时处理。(依据《管规》第四十二条,《货检规》第六条)

(3)货检站检查发现敞车侧开门折页断裂时,甩车处理并按照规定拍发电报和编制普通记录。(依据《货检规》第二十三条、第二十五条,《管规》第四十四条)

三、敞车下侧门折页座与侧墙脱离

2024年11月3日10时15分,某货检站东场11道接46001次列车,货检员现场作业发现机后第25位敞车(C_{64}4600721)装载碎石,敞车下侧门折页座与侧墙脱离,如图2-4所示。

1. 主要问题及原因

(1)专用线企业运输员在装车前已发现敞车下侧门折页座与侧墙焊接处有破损旧痕,但未向车站提出调换,只是简单用10号镀锌铁线将折页座与侧墙进行加固,列车在运行中因碎石挤压导致敞车下侧门折页座与侧墙脱离,是问题发生的直接原因。(依据《专用线管理办法》第二十六条、第二十八条,《铁路专用线运营服务管理办法》第二十九条)

(2)货运员与企业运输员交接检查时,未认真执行交接规定,是问题发生的重要原因。(依据《专用线管理办法》第三十一条,《铁路专用线运营服务管理办法》第二十八条)

图 2-4　敞车下侧门折页座与侧墙脱离

2. 安全风险及隐患

(1)企业运输员使用问题车辆装车,以及货运员未认真检查车辆,将带伤车辆放行上线,将会导致敞车下侧门坠落及货物撒漏,严重影响本列车行车安全,如条件耦合将发生列车脱轨或颠覆,存在行车安全风险。

(2)敞车下侧门折页座与侧墙脱离,下侧门坠落以及货物撒漏会击打邻线机车车辆、行车设备和线路作业人员,如条件耦合将发生列车脱轨或颠覆,存在行车安全风险。

3. 作业标准

(1)专用线企业运输员在装车前,应认真检查车辆,发现敞车下侧门折页座与侧墙焊接处有破损旧痕时,向车站提出调换。铁路相关人员及时填制不良货车通知单、车辆破损技术记录。(依据《专用线管理办法》第二十六条,《铁路专用线运营服务管理办法》第二十九条)

(2)货运员与企业运输员交接检查时,应认真执行交接规定,发现敞车下侧门折页座与侧墙焊接处有破损旧痕时,通知企业运输员卸车,调换车辆,重新装车符合规定后接收。(依据《专用线管理办法》第二十六条、第二十八条、第三十一条、第三十二条,《铁路专用线运营服务管理办法》第二十八条)

4. 应采取的处理措施

(1)货运员与企业运输员交接检查时,认真执行交接规定,发现敞车下侧门折页座与侧墙焊接处有破损旧痕,通知企业运输员卸车,调换车辆,重新装车符合规定后接收。(依据《专用线管理办法》第二十六条、第二十八条、第三十一条、第三十二条,《铁路专用线运营服务管理办法》第二十八条)

(2)中间站保留及甩挂作业的货物列车,发现敞车下侧门折页座与侧墙脱离时,车站要及时处理。(依据《管规》第四十二条,《货检规》第六条)

(3)货检站检查发现敞车下侧门折页座与侧墙脱离时,甩车处理并按照规定拍发电报和编制普通记录。(依据《货检规》第二十三条、第二十五条,《管规》第四十四条)

四、敞车中门下部锁铁未完全落锁

C_{70} 型车中门下部锁铁未完全落至锁闭位造成车门出现缝隙,如图 2-5 所示;C_{70} 型车中门下部锁铁关闭错误,如图 2-6 所示。

图 2-5 C_{70} 型车中门下部出现缝隙

1. 主要问题及原因

(1)承运人未拨配状态良好敞车(敞车中门变形),装车前,装车单位未对车门的关闭情况进行检查;敞车中门关闭顺序错误,导致上述问题发生。(依据《货规》第二十五条,《铁路货车主要结构与使用》C_{70} 型中门的操作说明)

(2)敞车中门变形造成敞车中门不能正常关闭而出现缝隙,是问题发生

图 2-6　C_{70} 型车中门下部锁铁关闭错误

的重要原因。（依据《货规》第二十五条）

（3）装车单位作业人员没有按照敞车中门关闭顺序进行操作，造成锁铁未落入闭锁位，是问题发生的重要原因。（依据《铁路货车主要结构与使用》C_{70} 型中门的操作说明）

2. 安全风险及隐患

（1）装车单位如选用车门变形的敞车装载散堆装货物，可能挤胀敞车中门，造成货物撒漏或车门开放；如敞车中门下部锁铁关闭错误，可能造成敞车中门开放而发生货物坠落，进而发生车门刮打邻线机车车辆、行车设备或建筑物及线路作业人员，条件耦合时可能造成列车脱轨或颠覆等行车事故，存在行车安全风险。

（2）C_{70} 型敞车中门变形和下部锁铁关闭错误，装载散堆装货物时挤胀敞车中门，易导致货物撒漏或车门开放，可能发生车辆偏载或偏重，条件耦合时可能发生车辆倾斜颠覆等行车事故，存在行车安全风险。

3. 作业标准

（1）承运人应拨配状态良好敞车，装车前，装车单位应对车厢的完整情况进行检查，发现货车损坏不能使用的，填记纸质“不良货车通知单”（运统 25），递送车站签收，在现车系统（铁路车站综合管理信息系统）标记“不良货车”标识。［依据《货规》第二十五条，《铁路货运票据电子化作业办法》（铁总货

〔2018〕41 号)第十一条〕

(2)C_{70} 型敞车中门关闭操作顺序:

①敞车中门关闭顺序是“先左后右”,即先关闭左侧车门,后关闭右侧车门,并保证车门内侧与车体密贴,右侧中门压住左侧中门。

②闭锁顺序是“先下后上”,即车门关闭后,向上翻起锁铁,向下压紧锁铁至闭锁位。

③转动并向上抬起手把至锁头插入上侧梁锁孔中,将手把完全卡进止挡铁内,完成闭锁。(依据《铁路货车主要结构与使用》C_{70} 型中门的操作说明)

(3)装车站装车后,货运员检查发现敞车车门关闭不严有缝隙或敞车中门下部锁铁关闭错误时,及时组织在列整理;无法在列整理时,应进行换装整理。(依据《管规》第十四条、第十六条,《专用线管理办法》第三十二条)

4. 应采取的处理措施

(1)中间站保留及甩挂作业的货物列车,发现敞车中门不能正常关闭而出现缝隙或敞车中门下部锁铁关闭错误时,应及时通知铁路局集团公司调度并进行处理。(依据《管规》第四十二条,《货检规》第六条)

(2)货物列车在编组站、区段站发车前,货运检查人员应认真执行区段负责制,按规定检查列车中车辆的门窗关闭情况,发现异状时,应及时处理。(依据《技规》第二百七十七条)

(3)货检站检查发现敞车中门存在开放隐患,应在列整理,无法在列整理的应甩车整理,并按规定编制记录和拍发电报。(依据《货检规》第二十三条、第二十五条)

五、敞车装运散堆装货物未平顶

敞车装运散堆装货物,装车后未按规定平顶,如图 2-7 所示。

1. 主要问题及原因

(1)装车单位对装载的煤炭未执行装车后应采取平顶措施的规定,而导致问题发生。(依据《加规》第二十条)

(2)专用线(专用铁路)货运员在交接检查车辆时,未严格执行交接检查制度,对敞车装载的煤炭检查项点掌握不清,对存在的问题没有及时发现,是问题发生的重要原因。(依据《管规》第十六条,《专用线管理办法》第三十一条)

图 2-7　散堆装货物装车后未平顶

2. 安全风险及隐患

(1)如敞车装载的散堆装货物装车后未进行平顶,可能造成车辆偏载、偏重。如条件耦合可能发生车辆旁承游间压死,列车通过曲线时,极易造成列车脱轨或颠覆等行车事故,存在行车安全风险。

(2)敞车装载的煤炭未平顶,易导致车辆偏载或偏重,易造成偏重方轴重超重,产生燃轴风险,存在行车安全隐患。

3. 作业标准

(1)装车后由装车站按照规定,使用货运计量安全检测设备防止超载,装车后应采取平顶等措施防止偏载偏重。(依据《加规》第二十条)

(2)装车单位认真执行相关规定,装车后将车帮、钩头、闸盘及车体外侧残货清扫彻底。(依据《装卸安技规》第十七条、第一百三十条)

(3)专用线(专用铁路)货运员在交接检查车辆时,要严格执行交接检查制度,对发现的问题组织装车单位进行处理,确保运输安全。(依据《管规》第十六条,《专用线管理办法》第三十一条)

4. 应采取的处理措施

(1)装车站货运员在检查或交接检查时发现散堆装货物装车后未平顶,应立即组织装卸人员平顶,确保不偏载、不偏重。(依据《管规》第十四条、第十六条)

(2)配置进站视频监控设备和超偏载检测装置的货检站,对敞车装载的散堆装货物未平顶，应重点监控，当发生超偏载报警时，依规处理，按规定拍发电报，需编制记录时按规定编制。（依据《货检规》第二十三条、第二十五条，《量规》第五十七条、第五十八条）

六、敞车装载货物码放混乱

敞车装载货物码放混乱，无方案装车造成装载不均衡，发生偏载，如图 2-8 所示；无方案装车造成超载和偏重，如图 2-9 所示。

图 2-8 无方案装车发生偏载

图 2-9 无方案装车发生超载和偏重

1. 主要问题及原因

(1)装车暂无方案的，由托运人向装车站申报计划装载加固方案，而托运人没有按规定提出，导致问题发生。（依据《加规》第六十三条）

（2）装车暂无方案的，由装车站组织制定计划方案并经托运人同意，必要时还应同时提出装载加固计算说明书或论证报告，并按权限报批。而装车站未按规定去执行，是问题发生的重要原因之一。（依据《加规》第六十三条）

（3）货运人员在无方案的情况下组织装卸人员进行装车，或在专用线装车时货运员未交接检查，是问题发生的重要原因之一。（依据《管规》第十四条、第十六条，《专用线管理办法》第三十一条）

2. 安全风险及隐患

（1）如无方案装车，可能发生车辆偏载、偏重和超载问题，导致车辆倾斜，部分车轴负重超载，易导致燃轴事件发生，存在安全风险。

（2）车辆发生偏载、偏重和超载时，易导致车体向偏重一方倾斜，压死车辆转向架旁承，列车通过小半径曲线或道岔时，易发生列车脱轨或颠覆等行车事故，存在安全隐患。

3. 作业标准

（1）对于无装车方案的货物，由托运人向装车站申报计划装载加固方案。（依据《加规》第六十三条）

（2）装车暂无方案的，由装车站组织制定计划方案并经托运人同意，必要时还应同时提出装载加固计算说明书或论证报告，并按权限报批。（依据《加规》第六十三条）

（3）货运人员有权拒绝无方案装车作业，当发现无装车方案时，按规定及时上报。当计划方案完成审批后，货运人员组织装车单位按方案装车。（依据《管规》第十四条）

（4）专用线装车时，货运员按规定检查交接，发现货车装载与方案不符时，要求改善，达标后接收。（依据《管规》第十六条，《专用线管理办法》第三十二条）

4. 应采取的处理措施

（1）装车站装车后货运人员检查或交接检查发现车内码放混乱，装载不均衡，无方案装车时，应立即向上级部门报告，不许编入列车，整改达标后允许编入列车。（依据《管规》第十四条、第十六条，《专用线管理办法》第三十二条）

(2)配置超偏载检测装置的货检站发现车辆超偏载问题时,应按《量规》规定处理。(依据《量规》第五十七条、第五十八条)

七、选车用车不当致货物撒漏

[案例 2-1] 甲站装运的煤(C_{62BK}4605513),经××车辆段 5T 运用车间 TFDS 动态检测发现敞车钢地板破损、货物脱出。现场检查时发现该车中部右侧地板破损约 600 mm×230 mm(旧痕),铺垫的编织袋已经脱落,如图 2-10 所示,车地板破损导致煤不间断撒漏,如图 2-11 所示。

图 2-10 铺垫的编织袋脱落

图 2-11 车地板破损导致煤不间断撒漏

［**案例 2-2**］ 车地板因腐蚀损坏，造成货物漏出，如图 2-12 和图 2-13 所示。

图 2-12 车地板损坏货物漏出 1

图 2-13 车地板损坏货物漏出 2

1. 主要问题及原因

(1)甲站接轨专用铁路装运的煤，选车用车不当且未及时报告车辆破损情况，擅自使用编织袋封堵破损车地板，造成途中编织袋脱落，发生煤炭撒漏问题。(依据《货规》第二十五条)

(2)车地板腐蚀，导致货物装车后发生碎石撒漏问题。(依据《货规》第二十五条)

(3)承运人未拨配状态良好的货车装运货物。(依据《货规》第二十五条)

(4)装车前,装车单位未对车厢的完整状况进行检查。(依据《货规》第二十五条)

2. 安全风险及隐患

(1)如使用车地板破损或腐蚀的车辆装载货物,可能会导致货物撒漏,如条件耦合可能发生列车脱轨或颠覆等行车事故,存在安全风险。

(2)装车单位擅自使用车地板破损或腐蚀的车辆,造成煤炭或碎石在运行中撒漏,导致货物损失,也存在意想不到的行车安全隐患。

3. 作业标准

(1)承运人应拨配状态良好的货车装运货物。(依据《货规》第二十五条)

(2)装车前装车单位应严格检查车辆状态,发现车辆技术状态不良,不能保证货物装车后安全,禁止使用该车辆装载货物。(依据《货规》第二十五条)

4. 应采取的处理措施

(1)中间站保留及甩挂作业的货物列车,发现敞车车地板破损或腐蚀,货物撒漏时,及时通知铁路局集团公司调度,并进行处理。(依据《管规》第四十二条,《货检规》第六条)

(2)货检站检查发现货物撒漏问题时,及时甩车换装整理,按规定编制记录和拍发电报通知有关单位。(依据《货检规》第二十三条、第二十五条)

八、端墙技术状态不良遇货物窜动致车辆破损

货物发生窜动,对车辆端墙造成破坏,如图 2-14 所示。

图 2-14　货物窜动造成车辆破损

1. 主要问题及原因

(1)敞车端墙(提钩杆座周围)技术状态不良有腐蚀现象,导致车辆端墙经受不住货物在运行中产生纵向惯性力的作用,发生敞车端墙(提钩杆座周围)被货物撞破后货物窜出问题。

(2)承运人未拨配状态良好的货车装运货物是问题发生的重要原因之一。(依据《货规》第二十五条)

(3)装车前,装车单位未对车厢的完整状况进行检查,也是问题发生的重要原因之一。(依据《货规》第二十五条)

2. 安全风险及隐患

(1)如敞车端墙(提钩杆座周围)技术状态不良有腐蚀现象,在列车运行或车列解体时,可能会被货物撞破,发生提钩杆与车体分离,提钩杆掉入线路上可能造成列车或车辆脱轨、颠覆等行车事故,存在安全风险。

(2)敞车端墙(提钩杆座周围)腐蚀面积加大,货物在运行中产生纵向惯性较大,窜动货物直接顶到相邻车辆,列车经过道岔或线路曲线时,存在脱轨或颠覆的安全隐患。

3. 作业标准

(1)承运人应拨配状态良好的货车装运货物。(依据《货规》第二十五条)

(2)装车前装车单位应严格检查车辆状态,发现车辆技术状态不良,不能保证货物装车后安全时,禁止使用该车辆装载货物。(依据《货规》第二十五条)

4. 应采取的处理措施

(1)中间站保留及甩挂作业的货物列车,发现敞车提钩杆座周围破损货物窜出时,应及时通知铁路局集团公司调度,并进行处理。(依据《管规》第四十二条,《货检规》第六条)

(2)货检站检查发现敞车端墙被撞破导致货物窜出时,应甩车换装整理,按规定编制记录和拍发电报通知有关单位。(依据《货检规》第二十三条、第二十五条)

九、装车质量不高造成严重偏重

2023 年 4 月 13 日,甲站装运的工业用盐(C_{64K}4953393)仅装载 30.5 t,且装后未采取平顶措施,如图 2-15 所示,被某货检站超偏载检测系统检测到严重偏重 18.1 t,甩车处理。

图 2-15 装车质量不高致严重偏重

1. 主要问题及原因

(1)装车单位违反作业规定,未执行装车后应采取平顶等措施,造成问题发生。(依据《加规》第二十条)

(2)专用线货运员未执行交接检查的规定,是造成车辆发生严重偏重的重要原因。(依据《管规》第十六条,《专用线管理办法》第三十二条)

2. 安全风险及隐患

(1)装车后不平顶将会造成车辆偏载或偏重,当偏重严重时,会压死车辆转向架旁承,列车通过小半径曲线或道岔时,易导致列车脱轨或颠覆等行车事故,存在安全风险。

(2)散堆装货物未平顶发生车辆严重偏重,导致车辆倾斜,部分车轴负重超载,会导致燃轴事件发生,存在列车脱轨或颠覆的安全隐患。

3. 作业标准

(1)散堆装货物装车时,装车站应使用铁路货运计量安全检测监控系统(以下简称货运计量系统)进行检测,防止超载。(依据《量规》第五十五条)

(2)装车单位认真执行作业规定,对散堆装货物装车后应采取平顶等措施,防止发生偏载或偏重。(依据《加规》第二十条)

(3)专用线货运员按规定进行交接检查,发现不符合规定时,及时组织装卸作业人员进行整理,符合规定后允许编入列车。(依据《管规》第十六条,《专用线管理办法》第三十二条)

4. 应采取的处理措施

配有视频监控系统或货运计量系统的货检站，当检测发现装载散堆装货物的车辆有严重超偏载报警时，经核实无误后进行甩车处理，同时按规定拍发电报通知有关单位。（依据《量规》第五十七条、第五十八条）

十、敞车中门违规用钢管加固

2024 年 11 月 29 日，X82832 次列车在乙站 2 道通过时，助理值班员发现机后第 23 位敞车（C_{64K}4817201，发站：甲站）加固中门用的钢管（约 1.2 m 长）脱落，如图 2-16 所示，停车后处理。

图 2-16　敞车中门违规用钢管加固

1. 主要问题及原因

（1）承运人未拨配状态良好的货车。装车前，装车单位擅自用钢管对不良敞车中门进行加固，导致问题车辆上线运行。（依据《货规》第二十五条）

（2）专用线货运员未按规定进行交接检查，导致不良敞车上线运行，是问题发生的主要原因。（依据《管规》第十六条，《专用线管理办法》第三十二条）

2. 安全风险及隐患

（1）装车单位擅自对不良敞车中门使用钢管进行加固，存在钢管脱落风险，条件耦合时脱落的钢管可能会击打邻线机车车辆、行车设备和线路作业人员。

(2)不良敞车中门关闭不严，违规用钢管加固并脱落，危及本列车行车安全，存在行车安全隐患。

3. 作业标准

(1)承运人应拨配状态良好的货车进行货物装载。(依据《货规》第二十五条)

(2)装车前，装车单位对敞车状态进行检查，发现不符合规定时，应要求承运人更换车辆。(依据《货规》第二十五条)

(3)专用线货运员在交接检查时发现敞车中门关闭不严，违规用钢管加固并脱落，应及时组织装车单位进行在列处理。(依据《管规》第十六条，《专用线管理办法》第三十二条)

4. 应采取的处理措施

(1)中间站保留及甩挂作业的货物列车，发现敞车中门关闭不严，违规用钢管加固并脱落，应及时通知铁路局集团公司调度，并进行处理。(依据《管规》第四十二条，《货检规》第六条)

(2)货检站检查发现敞车中门关闭不严，违规用钢管加固并脱落，应进行整理，并按规定编制记录和拍发电报通知有关单位。(依据《货检规》第二十三条、第二十五条)

十一、捆绑钢管的镀锌铁线断裂

2021年8月22日，X88995次列车乙站发车时，车站助理值班员发现列车运行方向右侧第40位车辆(C_{70}1660201，发站：甲站)捆绑钢管的镀锌铁线松开，在前方站停车检查，确认该车中部捆绑钢管的镀锌铁线断裂，如图2-17所示。

1. 主要问题及原因

(1)装车单位违反规定，未执行“必要时，加固线与货物、车辆棱角接触处应采取防磨措施”的规定，导致问题发生。(依据《加规》第二十三条)

(2)专用线货运员未执行交接检查的规定，是造成捆绑钢管的铁线断裂的重要原因。(依据《管规》第十六条，《专用线管理办法》第三十二条)

2. 安全风险及隐患

(1)装车单位如不采取防磨措施，可能造成捆绑钢管的镀锌铁线断裂，条件耦合时，可能发生钢管坠落，击打邻线机车车辆、行车设备和线路作业人

图 2-17 捆绑钢管的镀锌铁线断裂

员，也可能造成列车脱轨或颠覆等行车事故，存在安全风险。

（2）捆绑钢管的镀锌铁线断裂，列车在运行到曲线线路或解体编组时，会导致钢管坠落，击打邻线机车车辆、行车设备和线路作业人员，存在安全隐患。

3. 作业标准

（1）装卸作业人员要认真执行《铁路货物装载加固定型方案》（《加规》附件 1，以下简称《方案》）和相关规定，必要时，加固线与货物、车辆棱角接触处应采取防磨措施，防止加固线磨断。（依据《加规》第二十三条）

（2）专用线货运员认真执行交接检查的规定，发现不符合规定时，及时组织作业人员进行整理，符合规定后允许编入列车。（依据《管规》第十六条，《专用线管理办法》第三十二条）

4. 应采取的处理措施

（1）中间站保留及甩挂作业的货物列车，发现捆绑钢管的镀锌铁线断裂时，及时通知铁路局集团公司调度并进行处理。（依据《管规》第四十二条，《货检规》第六条）

（2）货检站检查发现捆绑钢管的镀锌铁线断裂时，应及时组织在列整理，对无法在列整理的应甩车整理，同时按规定编制记录和拍发电报通知有关单位。（依据《货检规》第二十三条、第二十五条）

十二、零快货物装载质量不良

2024 年 1 月 3 日，甲站装运零快货物的敞车（C_{64T}4917563）装载质量不良，偏载 118 mm，如图 2-18 所示。

图 2-18 零快货物装载质量不良致偏载

1. 主要问题及原因

(1)装车单位未认真执行货物装载加固的基本技术要求，导致问题发生。(依据《加规》第四条)

(2)专用线货运员未按规定进行交接检查，导致偏载车辆上线运行是问题发生的重要原因。(依据《管规》第十六条，《专用线管理办法》第三十二条)

2. 安全风险及隐患

(1)装车单位如不执行货物装载加固的基本技术要求，可能发生车辆偏重，如偏重严重，会压死车辆转向架旁承，列车通过小半径曲线或道岔时，易导致列车脱轨或颠覆等行车事故，存在安全风险。

(2)货物装载偏载易导致车体倾斜，部分车轴负重超载，会引起燃轴事件发生，造成列车脱轨或颠覆，存在行车安全隐患。

3. 作业标准

(1)装车单位应认真执行《加规》中货物装载加固的基本技术要求，使货物均衡、稳定、合理地分布在货车上，不超载，不偏载，不偏重，不集重；能够经受正常调车作业以及列车运行中所产生各种力的作用，在运输全过程中，不发生移动。(依据《加规》第四条)

(2)专用线货运员按规定进行交接检查，发现未按规定进行装载时，及时组织作业人员进行整理，符合规定后允许编入列车。(依据《管规》第十六条，

《专用线管理办法》第三十二条)

4. 应采取的处理措施

配有视频监控系统或货运计量系统的货检站发现货物一般偏载,按规定编制记录和拍发电报通知有关单位。(依据《货检规》第二十三条、第二十五条,《量规》第五十七条)

十三、包装材料彩条布飘起

2024 年 1 月 27 日,××线 18002 次列车乙站通过时,发现机后 5 位(C_{70}1581147,发站:甲站,品名:银精矿)彩条布飘起,如图 2-19 所示,被及时扣车处理。经查,托运人使用彩条布对散堆装货物进行整体包装衬垫以防止货物运输途中飘散、撒漏,甲站在装后未对车内货物装载状态及彩条布捆绑质量进行检查。该车在丙站进行货检作业时,货检员虽已发现彩条布外飘,但只是将飘出的彩条布拴结在货车挂钩上,处理方式不当。

图 2-19　彩条布飘起

1. 主要问题及原因

(1)托运人使用彩条布对散堆装货物进行整体包装衬垫以防止货物运输途中飘散、撒漏,甲站在装后未对车内货物装载状态及彩条布捆绑质量进行检查,导致问题的发生。(依据《管规》第十六条,《专用线管理办法》第三十二条)

(2)该车在丙站进行货检作业时,货检员虽已发现彩条布外飘,但只是将飘出的彩条布拴结在货车挂钩上,处理方式不当,是问题发生的主要原因。

（依据《货检规》第二十三条、第二十五条）

2. 安全风险及隐患

（1）托运人和甲站如未对装车后的彩条布捆绑质量进行检查，也未考虑彩条布捆绑不良可能飘起，在电气化铁路区段，条件耦合时飘起的彩条布可能挂上接触网，损坏接触网，造成接触网停电，影响列车运行，存在安全风险。

（2）在电气化铁路区段，彩条布捆绑不牢发生飘起，易造成飘起的彩条布挂上接触网，严重时将导致接触网跳闸或刮断接触网，影响列车运行，存在安全隐患。

3. 作业标准

（1）托运人使用彩条布对散堆装货物进行整体包装衬垫以防止货物运输途中飘散、撒漏时，应对彩条布按规定捆绑。

（2）甲站在装车后对车内货物装载状态及彩条布捆绑质量进行检查，发现不符合要求时，组织托运人重新按规定整理，直至符合要求。（依据《管规》第十六条，《专用线管理办法》第三十二条）

4. 应采取的处理措施

（1）中间站保留及甩挂作业的货物列车，发现车辆上有彩条布飘起时，应通知铁路局集团公司调度，及时进行处理。（依据《管规》第四十二条，《货检规》第六条）

（2）货检站发现彩条布时，应进行在列整理，不能在列整理时甩车整理，并按规定拍发电报通知有关单位。（依据《货检规》第二十三条、第二十五条）

十四、钢筋超出车帮

2022 年 8 月 10 日 5 时 50 分，87836 次列车在××线乙站 4 道通过，停在乙站 2 道的 86662 次列车司机报告，87836 次机后第 7 位车辆（C_{64K}4850885，空车，发站：甲站）中部运行方向右侧有钢筋超出敞车车帮，如图 2-20 所示。后在区间停车检查，继运至前方站处理。

1. 主要问题及原因

（1）卸车单位未对车辆焊接的钢筋进行清除，导致钢筋超出敞车上侧梁问题的发生。（依据《装卸安技规》第十七条）

（2）专用线货运员在交接检查时，未按规定对卸后的车辆进行检查，是问

图 2-20　钢筋超出车帮

题发生的重要原因。（依据《管规》第十六条，《专用线管理办法》第三十一条）

2. 安全风险及隐患

卸车单位如未按规定对空敞车上侧梁存在的钢筋进行清除，可能发生焊接的钢筋在列车运行时开焊翘起或脱落，如在电气化铁路区段容易刮碰接触网，导致接触网停电或被刮断，影响列车运行，或钢筋脱落时，容易击打邻线机车车辆、行车设备、线路作业人员，存在安全风险。

3. 作业标准

（1）卸车单位对车辆上的钢筋进行清除。（依据《装卸安技规》第十七条）

（2）专用线货运员按规定进行交接检查，当发现问题时组织卸车单位按规定进行处理，符合规定后允许编入列车。（依据《管规》第十六条，《专用线管理办法》第三十一条）

4. 应采取的处理措施

（1）中间站保留及甩挂作业的货物列车，发现车辆上钢筋翘起，在电气化铁路区段存在刮碰接触网隐患时，应通知铁路局集团公司调度，并进行处理。（依据《管规》第四十二条，《货检规》第六条）

（2）货检站检查发现车辆上的钢筋翘起，应进行在列整理，不能在列整理时甩车整理，并按规定拍发电报通知有关单位。（依据《货检规》第二十三条、第二十五条）

十五、防护材料被风掀起触碰接触网致跳闸

2023年5月31日21时36分，A局集团公司××线X88989次货物列车运行到甲站至乙站间下行线K315＋786隧道时，因接触网跳闸停电停车，21时54分恢复供电。原因是机后第9位车辆C_{64K}4958879装载加固不良，如图2-21和图2-22所示，导致装载铝轧材上部防护的两块瓦楞铁皮受隧道负压风力作用，向上掀起触碰接触网短路，造成接触网跳闸停电。耽误本列18 min，影响货物列车2列。

图2-21 铝轧材上部防护的瓦楞铁皮被风掀掉

图2-22 被掀掉的瓦楞铁皮

1. 主要问题及原因

(1)装车单位对怕湿的货物未采取苫盖篷布措施，而是采用瓦楞铁皮来苫盖货物，导致问题的发生。[依据《货车篷布管理规则》(铁货〔2022〕102 号，以下简称《篷规》)第七条]

(2)专用线货运员未按规定进行交接检查，是问题发生的主要原因。(依据《管规》第十六条，《专用线管理办法》第三十二条)

2. 安全风险及隐患

(1)装车单位使用不符合规定的材料苫盖货物，可能发生瓦楞铁皮被风掀起或刮掉，刮碰接触网或击打邻线机车车辆、行车设备、线路作业人员，存在安全风险。

(2)在电气化铁路区段，苫盖货物的瓦楞铁皮被风掀起刮掉，铁皮可能触碰接触网，导致接触网停电，影响列车运行安全，存在安全隐患。

3. 作业标准

(1)装车单位应使用符合规定的篷布苫盖怕湿或需要苫盖篷布的货物。(依据《篷规》第七条)

(2)专用线货运员应按规定进行检查，发现不符合规定时，组织装车单位作业人员重新按规定处理，直至符合要求。(依据《管规》第十六条，《专用线管理办法》第三十二条)

4. 应采取的处理措施

(1)中间站保留及甩挂作业的货物列车，发现瓦楞铁皮被风掀起(或被刮掉)时，车站要及时处理；车站对运输途中的货车补苫篷布的，应在货物运单、货运票据封套、列车编组顺序表作相应修改，同时编制普通记录。(依据《管规》第四十二条，《货检规》第六条，《篷规》第二十条)

(2)货检站检查发现瓦楞铁皮被风掀起(或被刮掉)时，应甩车整理，并按规定编制记录和拍发电报通知有关单位。(依据《货检规》第二十三条、第二十五条)

十六、货物包装箱顶部掉落

2023 年 6 月 12 日 8 时 29 分，A 局集团公司××线 87270 次列车区间运行时，机车乘务员发现运行前方线路上有异物，如图 2-23 所示，采取紧急制动停于区间 K319＋363 处。经机车乘务员检查发现机后第 19 位车辆下方有被列车碾轧的五合板,如图 2-24 所示,清理后 8 时 51 分区间开车。

图 2-23 线路上有异物

图 2-24 被碾轧的五合板

经排查确定 87270 次列车碾轧的五合板是自 X10581 次列车机后 29 位敞车(C_{70}1605756,发站:甲站,到站:乙站,品名:锅炉零配件)前端装载的货物包装箱顶部掉落,如图 2-25 和图 2-26 所示。

1. 主要问题及原因

(1)装车单位使用的货物包装箱质量不高,顶部木板钉固强度不足,导致问题的发生。(依据《专用线管理办法》第二十七条、第三十二条)

(2)车站对货物包装箱质量的安全风险研判不到位,未及时向装车单位指出防范风险应采取的具体措施,是问题发生的重要原因。(依据《管规》第

图 2-25　木板缺损的包装箱顶部

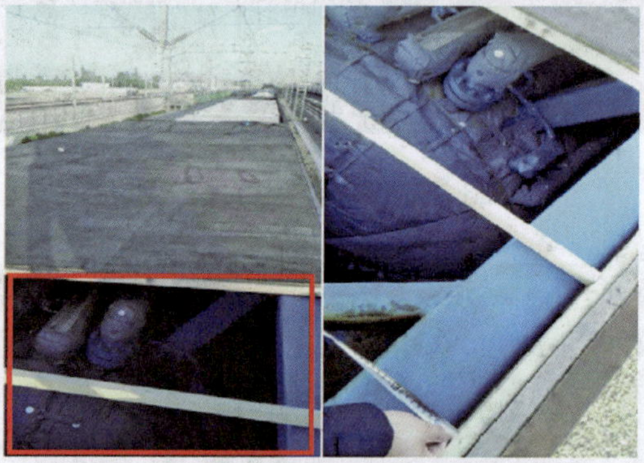

图 2-26　缺损顶部的货物包装

十六条）

2. 安全风险及隐患

(1)装车单位对包装箱钉固质量不高，可能发生货物包装箱顶部掉落，将会击打邻线机车车辆、行车设备、线路作业人员，当掉落在邻线上，可能造成列车脱轨或颠覆等行车事故，存在安全风险。

(2)包装箱顶部木板钉固强度不足，运行中受到外力的作用，易导致包装板脱落在邻线上，存在列车脱轨或颠覆等行车安全隐患。

3. 作业标准

(1)装车单位应使用质量良好的货物包装材料，木板钉固强度要达到标准，杜绝简化作业。

(2)车站要协助企业改进货物包装，并认真执行交接检查制度，发现问题组织装车单位及时整改，符合规定后允许编入列车。(依据《管规》第十六条，

《专用线管理办法》第三十二条）

4. 应采取的处理措施

(1)中间站保留及甩挂作业的货物列车，发现包装箱顶部木板存在掉落风险时，应通知铁路局集团公司调度，及时进行处理。（依据《管规》第四十二条，《货检规》第六条）

(2)配有视频监控系统的货检站，发现包装箱顶部木板掉落，应甩车整理，并按规定编制记录和拍发电报通知有关单位。（依据《货检规》第二十三条、第二十五条）

十七、敞车空车不空

2021 年 8 月 10 日，33205 次列车途经乙站超偏载检测装置，检测发现机后 1 位敞车（C_{70E}1696024，空车，排空站：甲站）偏载 127 mm，经甩车确认，车内有河沙等杂物约 11.5 t，如图 2-27 所示。

图 2-27 空车不空且偏载

1. 主要问题及原因

(1)××无烟煤矿业集团有限责任公司矿区专用铁路在管内多次发现问题车内有杂物，未处理也未向甲站报告，只是将问题车标注为“空坏”，在管内反复取送并最终按空坏车排出导致问题发生。（依据《专用线管理办法》第二十九条、第三十条）

(2)接轨站甲站货运员交接检查不到位,未及时发现车内有河沙,是发生车辆偏载的主要原因。(依据《管规》第十六条,《专用线管理办法》第三十一条)

2. 安全风险及隐患

(1)矿区专用铁路向空车内倾倒杂物,可能会造成车辆偏载或偏重问题,如条件耦合将发生列车脱轨或颠覆,存在安全风险。

(2)车内杂物装在车辆一侧,造成车辆偏载,如偏载严重,列车通过曲线容易造成列车脱轨或颠覆等行车事故,存在行车安全隐患。

3. 作业标准

(1)矿区专用铁路在作业完毕后,不得向空车内倾倒杂物。(依据《专用线管理办法》第二十九条、第三十条)

(2)接轨站货运员应按规定作业,对空敞车进行检查,防止空车不空。(依据《管规》第十六条,《专用线管理办法》第三十一条)

4. 应采取的处理措施

配有视频监控系统和货运计量系统的货检站发现空车内有杂物时,应按规定处理,并拍发电报通知有关单位。(依据《货检规》第二十三条、第二十五条,《量规》第五十七条、第五十八条)

十八、货物窜出耽误列车

2022 年 9 月 8 日 15 时 20 分,A 局集团公司××线 X88431 次货物列车在丙站准备开车前,助理值班员发现机后第 25 位敞车(C_{70E}1707505,发站:甲站,到站:乙站,品名:钢管)货物捆扎钢带断开,如图 2-28 和图 2-29 所示,有 2 根钢管纵向窜出到后端上端梁上(其中 1 根窜出车帮 50 cm,1 根在上端梁边缘),如图 2-30 和图 2-31 所示。经确认该车辆不能继续运行,经列车调度员同意,21 时 10 分摘车送到丙站 3 道。

经查,列车途经丁站、戊站时货物就已经窜出,现场货检作业人员均未发现。

1. 主要问题及原因

(1)××钢铁股份有限公司未按照《方案》装车,货车内钢管装载高度超出端侧板,层间未衬垫防滑且钢管捆扎钢带断开,导致问题的发生。(依据《加规》第五十二条)

图 2-28　货物捆扎钢带断开 1

图 2-29　货物捆扎钢带断开 2

图 2-30　货物窜出车帮

图 2-31　货物窜到上端梁边缘

(2)甲站货运员没有严格按照装载加固方案的装载要求对照检查货物装载质量,是造成此次问题的重要原因之一。(依据《管规》第十六条,《专用线管理办法》第三十二条)

(3)途中丁站、戊站货检作业人员均没有认真对货物装载状态进行检查,没能及时发现钢管已窜出的问题,是造成此次问题发生的又一重要原因。(依据《货检规》第二十三条、第二十五条)

2. 安全风险及隐患

(1)如装车单位违反《方案》规定,钢管的高度超出端侧板又不采取层间衬垫防滑装载,货物在纵向惯性力的作用下可能发生窜动,造成钢管捆扎钢带断开和钢管窜出,严重者可能发生钢管脱落,危及本列车行车安全,存在行车安全隐患。

(2)捆扎钢带断开,钢管窜出,当危险进一步加大时,会导致钢管脱落,存在击打邻线机车车辆、行车设备、线路作业人员等安全隐患。

3. 作业标准

(1)装车单位应认真执行《方案》和有关规定,不得扩大执行范围。(依据《加规》第五十二条)

(2)车站货运员要严格按照《加规》的装载要求,对照检查货物装载质量,发现不符合规定时,及时组织整理,符合规定后允许编入列车。(依据《管规》

第十六条，《专用线管理办法》第三十二条）

(3)货检站货运检查员应严格执行《货检规》规定，发现问题时及时在列整理或甩车整理。（依据《货检规》第二十三条、第二十五条）

4. 应采取的处理措施

(1)中间站保留及甩挂作业的货物列车，发现钢管窜出时，通知铁路局集团公司调度，按其指示及时进行处理。（依据《管规》第四十二条，《货检规》第六条）

(2)货检站经查发现货物窜出，应甩车整理，并按规定编制记录和拍发电报通知有关单位。（依据《货检规》第二十三条、第二十五条）

十九、货物装载偏重

2022 年 11 月 7 日 9 时 34 分，××线 11304 次货物列车丙站通过时，TPDS（车辆运行品质轨边动态监测系统）报警机后第 1 位敞车（C_{70}1619290，发站：甲站，到站：乙站，品名：铁塔架）一级偏重，如图 2-32 所示；9 时 51 分，丁站停车检查，10 时 50 分，车站汇报检查完毕可以继续运行；11 时 02 分，丁站开车；12 时 57 分，11304 次列车到达戊货检站，超偏载检测严重偏重报警，如图 2-33 所示，在该站上发场甩车处理。

图 2-32　丙站 TPDS 报警一级偏重

1. 主要问题及原因

(1)装车单位××电力装备有限公司未按《加规》要求装车，导致问题发

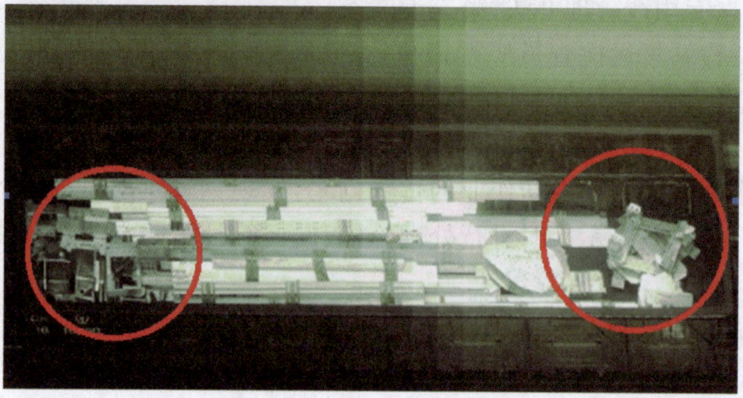

图 2-33 戊站检测到严重偏重

生。(依据《加规》第四条)

(2)甲站货运员交接检查不彻底,是问题发生的重要原因。(依据《管规》第十六条,《专用线管理办法》第三十二条)

2. 安全风险及隐患

(1)如装车单位违反《方案》规定组织装车,可能会发生货物偏重,如偏重严重,会压死车辆转向架旁承,列车通过小半径曲线或道岔时,易导致列车发生脱轨或颠覆等行车事故,存在行车安全风险。

(2)货物装载不均衡,车辆发生偏重,易导致车体倾斜,部分车轴负重超载,会引起燃轴,造成列车脱轨或颠覆等,存在行车安全隐患。

3. 作业标准

(1)装车单位应认真执行《加规》规定,不得扩大执行范围。(依据《加规》第四条)

(2)装车站货运员要严格按照《加规》的装载要求,对照检查货物装载质量,发现不符合规定时,及时组织装车单位进行整理,符合规定后允许编入列车。(依据《管规》第十六条,《专用线管理办法》第三十二条)

4. 应采取的处理措施

配有视频监控系统和货运计量系统的货检站要认真执行安全监控,发现严重偏重时,应甩车整理,并按规定编制记录和拍发电报通知有关单位。(依据《货检规》第二十三条、第二十五条,《量规》第五十七条、第五十八条)

二十、货物列车车门刮碰客车

2021 年 4 月 26 日 5 时 51 分，××线甲站汇报 K238 次列车机后 3 位车窗玻璃破损，需在乙站处理。K238 次列车 6 时 25 分到达乙站，6 时 27 分处理完毕，6 时 28 分开车，6 时 52 分终到丙站。丙站站检发现机后 2 位 YZ343263 客车车体有划痕，车窗玻璃破碎，如图 2-34 所示；车辆 2 位侧门一个扶手丢失，另一个扶手被击打弯曲并与下座脱开，如图 2-35 所示。

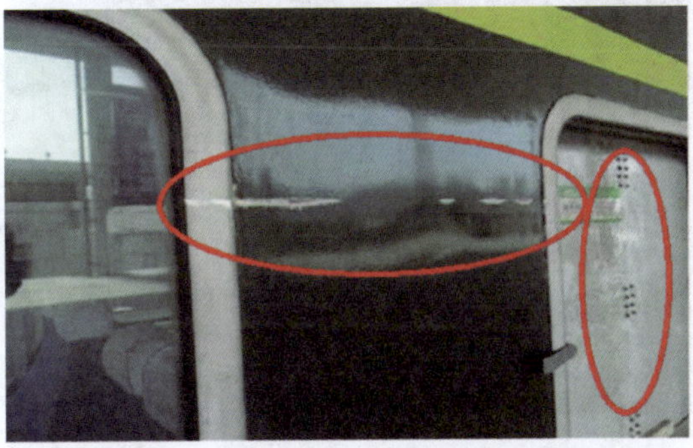

图 2-34 客车车体划痕，车窗玻璃破碎

图 2-35 客车扶手丢失和弯曲

经查，K238 次列车于 5 时 32 分在 K443＋249 与 34201 次列车交会，5 时 47 分 34201 次丁站 6 道停车。丁站人员检查发现 34201 次列车尾前第 6 位车辆(C_{64K}4864258)运行方向右侧中门锁处于开锁状态，无捆绑加固铁线。1 位中门后扇门边缘内侧有两处刮蹭并凹入痕迹，如图 2-36 和图 2-37 所示。

图 2-36　肇事敞车中门下端刮蹭变形

图 2-37　肇事敞车中门上端刮蹭痕迹

1. 主要问题及原因

(1)车站货运人员对区间卸车完毕的车辆未按规定进行检查，34201 次列

车尾前第 6 位车辆运行方向右侧中门门锁处于开锁状态，导致问题发生。（依据《管规》第三十二条）

（2）某工务段在××线卸完石砟后，卸车负责人没有认真检查车门关闭情况，其中 C_{64K}4864258 中门门锁未锁闭到位，导致问题发生。（依据《技规》第三百八十四条）

（3）某车务段负责监管卸车的货运员现场交接检查不认真，未发现车门锁闭不到位问题，盲目放行，编入 34201 次列车，运行过程中车门开放，刮碰邻线通过的 K238 次列车车辆设施，是问题发生的重要原因。（依据《管规》第三十二条）

2. 安全风险及隐患

（1）某工务段在××线卸完石砟后，未按规定关闭敞车中门，会造成敞车中门开放，击打邻线机车车辆、行车设备、线路作业人员，存在行车安全风险。

（2）敞车中门门锁未锁闭到位，在列车运行中，会引发敞车中门开放，可能会击打邻线机车车辆或邻近建筑物，一旦中门脱落，将危及本线列车或邻线列车行车安全，存在列车安全隐患。

3. 作业标准

（1）工务人员在区间卸完车后，由卸车负责人组织对车辆的车门进行关闭，确保关闭良好。（依据《技规》第三百八十四条）

（2）车站货运人员对区间卸车完毕的车辆按规定进行检查，发现问题要组织处理，符合规定后允许列车运行。（依据《管规》第三十二条）

4. 应采取的处理措施

（1）中间站保留及甩挂作业的货物列车，发现敞车中门开放时，应通知铁路局集团公司调度，及时进行处理。（依据《管规》第四十二条，《货检规》第六条）

（2）货检站检查发现敞车中门开放时，在列整理或甩车整理，并按规定拍发电报通知有关单位。（依据《货检规》第二十三条、第二十五条）

二十一、敞车中门开启刮碰矮型出站信号机

2023 年 2 月 5 日 5 时 57 分，X32008 次列车由甲站 12 道通过时，机后第 11 位车辆（C_{64}4893841）运行方向右侧中门开启，如图 2-38 所示，将 10 道 S_{10} 矮型出站信号机刮碰倾倒，如图 2-39 所示。6 时 20 分 2636 次旅客列车到达，

本务机车（HXD$_{3D}$0279）回库时发现并汇报车站，车站及时通知电务部门，7 时 04 分电务登记 S10 号信号机停用，经处理后 8 时 21 分恢复正常使用。

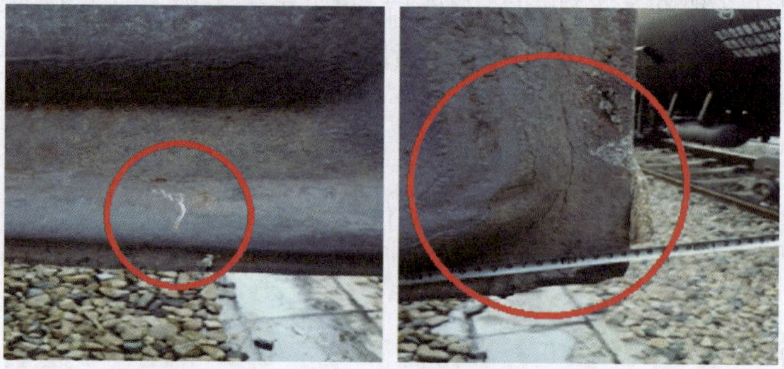

图 2-38　敞车右侧中门开启、有划痕

图 2-39　信号机倾倒

1. 主要问题及原因

（1）X32008 次列车由甲站 12 道通过时，机后第 11 位车辆（C$_{64}$4893841）运行方向右侧中门开启，导致问题发生。

（2）甲站货检人员违反《技规》第二百七十七条"货运检查人员应认真执行区段负责制，按规定检查列车中货物装载、加固……状态，以及车辆的门窗关闭情况，发现异状时，应及时处理"；违反《货检规》第二十三条货检的主要内容"货车门、窗、盖、阀关闭情况，以及罐式集装箱盖、阀关闭情况"之规定。列车始发时未认真对车辆进行检查，没有发现并处置敞车中门开启的安全隐患，导致开启的车门在列车运行中受力来回摆动，经过线路曲线地段时，车门内侧刮碰矮型信号机机构,是问题发生的直接原因。

2. 安全风险及隐患

(1)如甲站货检人员未按规定检查敞车中门关闭状态,可能会发生敞车中门开放,条件耦合时中门会击打邻线机车车辆、行车设备、线路作业人员,存在行车安全风险。

(2)敞车中门开启,在列车运行中,中门超机车车辆限界,会击打邻线机车车辆或邻近建筑物,一旦中门脱落,将危及本线列车或邻线列车行车安全,存在行车安全隐患。

3. 作业标准

(1)装车或卸车后,装卸站货运员要认真检查车门关闭情况,不符合规定时及时组织装卸人员进行整理,符合规定后允许编入列车。(依据《管规》第十四条、第十五条、第十六条,《专用线管理办法》第三十二条)

(2)货检站货运检查员按规定检查敞车中门关闭情况,确保关闭良好。(依据《货检规》第二十三条、第二十五条)

4. 应采取的处理措施

(1)中间站保留及甩挂作业的货物列车,发现敞车中门开启时,应通知铁路局集团公司调度,及时进行处理。(依据《管规》第四十二条,《货检规》第六条)

(2)货检站检查发现敞车中门开启时,在列整理或甩车整理,并按规定拍发电报通知有关单位。(依据《货检规》第二十三条、第二十五条)

二十二、车内螺纹钢未卸净造成货车脱轨

2021 年 3 月 22 日,A 局集团公司甲站接轨专用线内,因车内螺纹钢未卸净且堆积在一侧,如图 2-40 所示,造成货车(C_{64H}4207186)在调车作业经过弯道时脱轨。

1. 主要问题及原因

(1)A 局集团公司甲站接轨专用线,卸车单位作业质量不高,未将货物全部卸干净,导致问题发生。(依据《专用线管理办法》第二十九条、第三十条)

(2)甲站货运员在办理车辆交接检查时,违反作业标准,未对车辆空重情况进行检查,是问题发生的主要原因。(依据《管规》第十六条,《专用线管理

图 2-40　车内螺纹钢未卸净

办法》第三十一条)

2. 安全风险及隐患

(1)如卸车单位卸不干净货物,可能会发生车辆偏载或偏重,当偏载严重时,车辆通过曲线或道岔易发生车辆脱轨或颠覆,存在安全风险。

(2)卸车单位未将螺纹钢卸净且堆积在一侧,造成严重偏载,导致车体倾斜,部分车轴负重超载,会引起燃轴事件发生,存在列车脱轨或颠覆等安全隐患。

3. 作业标准

(1)卸车单位要及时组织作业人员将货物卸空,并按规定进行码放。(依据《专用线管理办法》第二十九条、第三十条)

(2)车站货运员应按规定与专用线内的企业运输员办理车辆交接,并对车辆空重情况进行检查,符合规定后,组织挂运。(依据《管规》第十六条,《专用线管理办法》第三十一条)

4. 应采取的处理措施

配有视频监控系统和货运计量系统的货检站发现车辆偏载和空车不空报警时,应按规定处理并编制记录和拍发电报通知有关单位。(依据《货检规》第二十三条、第二十五条)

二十三、车辆偏重甩车耽误列车

2023年2月7日20时32分，86157次列车到达××线甲站8道，20时53分甲站列检通知车站值班员，经TPDS检查发现机后第30、31位车辆(C_{62BK}4663975、C_{62BK}4673352)一级偏重，如图2-41和图2-42所示，需甩车处理。23时10分，甲站将两辆偏重车辆调至货场2道。

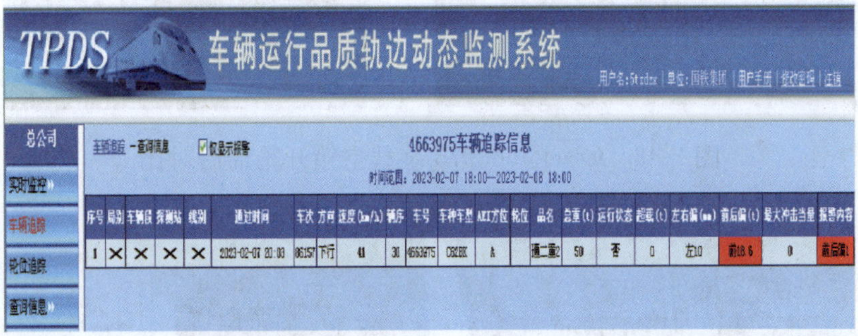

图2-41 C_{62BK}4663975经TPDS检测一级偏重

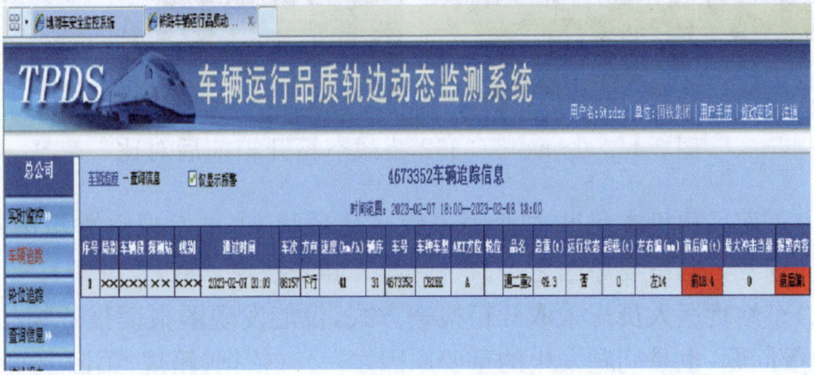

图2-42 C_{62BK}4673352经TPDS检测一级偏重

1. 主要问题及原因

(1)××铝业有限公司专用铁路装车作业人员违反集装箱作业流程，未核对确认是否装箱并拍照留存，臆测将箱门关闭，将TBJU4160743、TBJU2192274空箱视为重箱，如图2-43和图2-44所示，盲目施封，导致问题

发生。[依据《铁路集装箱运输规则》(铁货〔2022〕168 号,以下简称《箱规》)第二十三条、第二十四条]

图 2-43　C_{62BK}4663975 装载空箱开箱前后对比

图 2-44　C_{62BK}4673352 装载空箱开箱前后对比

(2)正面吊司机在吊装作业中未确认计量状态,未发现空重箱吊具承重差,是问题发生的重要原因之一。(依据《装卸安技规》第四十一条)

(3)车站货运人员未采取开箱检查方式,没能发现匿报谎报货物品名、装载不良等问题,也是问题发生的重要原因之一。(依据《箱规》第四十四条)

2. 安全风险及隐患

(1)装卸作业人员和货运员未按规定作业,可能会造成空集装箱当重箱装车,发生车辆偏重,当偏重严重时,车辆通过曲线或道岔时易发生列车脱轨或颠覆等行车事故,存在安全风险。

(2)当车辆装载集装箱发生严重偏重时,会导致车体倾斜,部分车轴负重超载,会引起燃轴,存在列车脱轨或颠覆等安全隐患。

3. 作业标准

(1)专用铁路装车作业人员应严格按规定装箱,不超载、不偏载、不偏重、不集重,按规定施封。(依据《箱规》第二十三条、第二十四条)

(2)正面吊司机在吊装作业中要确认计量状态,发现空重箱吊具承重差时,立即通知有关人员,防止空箱当重箱装车。(依据《装卸安技规》第四十一条)

(3)装车站货运员要严格执行"采取开箱检查等方式,对发送集装箱货物名称、装载情况进行检查,防止出现匿报谎报货物品名、货物装载加固不良等问题"。(依据《箱规》第四十四条)

4. 应采取的处理措施

配有超偏载检测装置的货检站发现车辆偏载或偏重报警时,应按《量规》规定处理,需编制记录时按规定编制。(依据《量规》第五十七条、第五十八条,《货检规》第二十五条)

二十四、敞车装载袋装货物发生窜动

敞车装载袋装货物,因装载加固方法不当,导致货物发生窜动或滑落,如图 2-45～图 2-47 所示。

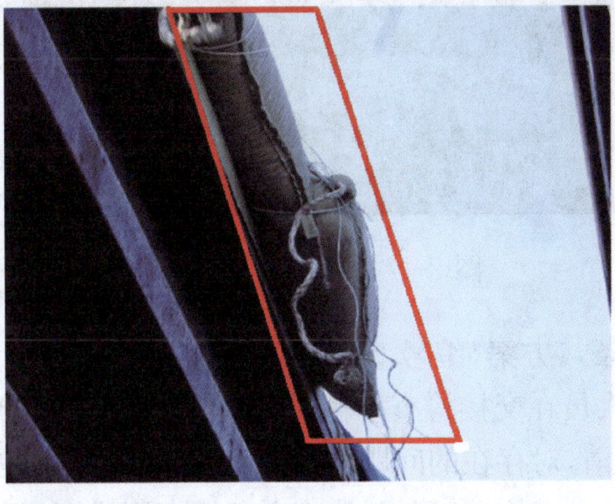

图 2-45　袋装货物窜出

1. 主要问题及原因

(1)排摆不稳固,货物未按规定收缩,加之上封式绳网用边绳穿过对侧围筋向后没有拉紧,捆绑也不牢固,导致货物窜动。(依据《加规》第四条、第二

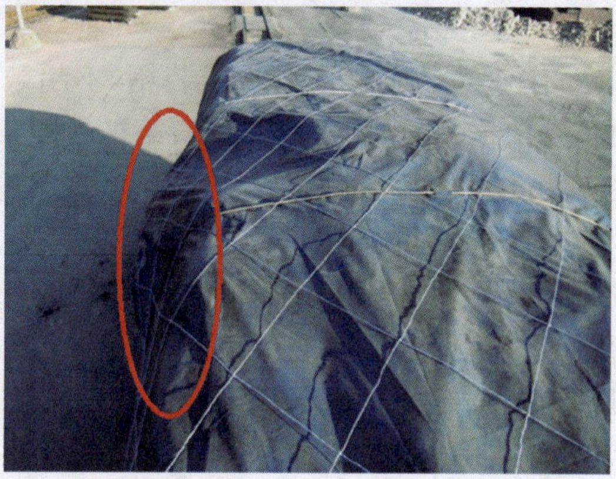

图 2-46 袋装货物滑落 1

图 2-47 袋装货物滑落 2

十一条、第二十五条,《方案》编号 010101)

(2)发站货运人员在交接检查车辆时,未严格执行交接检查制度,对袋装货物检查项点掌握不清,对存在的问题没有及时发现,造成问题车被编入列车,是问题发生的重要原因。(依据《管规》第十六条,《专用线管理办法》第三十二条)

2. 安全风险及隐患

(1)装车单位对袋装货物未按《方案》装载加固,可能会导致货物窜动或滑落,条件耦合时,滑落的货物会击打邻线机车车辆、行车设备、线路作业人员,存在行车安全风险。

(2)货物窜动或滑落时，列车紧急制动或车列解体溜放会加剧货物坠落到线路内或钢轨面上，存在列车(车辆)脱轨或颠覆等安全隐患。

3. 作业标准

(1)装载应排列紧密、整齐、稳固。

(2)装载高度或宽度超出端侧墙时，应层层压缝，并逐层向内收缩，码放成梯形，四周货物倾向中间，袋口朝向车内。两端货物每层收缩长度不小于货物长度的 1/2，两侧货物每层收缩长度不小于货物长度的 1/4。

(3)两侧超出侧墙的宽度应一致。

(4)顶部装载应起脊，不得形成马鞍形。

(5)超出货车端侧墙 1 层及以上时，应使用上封式绳网。

(6)件重 80 kg 及以上货物装至距货车端侧墙顶部 1 个高时加铺绳网，件重不足 80 kg 的货物装至距货车端侧墙顶部 2 个高时加铺绳网。

(7)装车完毕后，先两端、后两侧分别将绳网折回拉向车顶，用边绳穿过对侧围筋向后拉紧，捆绑牢固。(依据《方案》编号 010101)

(8)装车站发现问题时，通知托运人重新整理，直至符合规定，才允许编入列车。(依据《管规》第十六条，《货规》第四十八条，《专用线管理办法》第三十二条)

4. 应采取的处理措施

(1)中间站保留及甩挂作业的货物列车，发现袋装货物窜出或滑落时，应通知铁路局集团公司调度，及时进行处理。(依据《管规》第四十二条，《货检规》第六条)

(2)货检站检查发现货物窜出或滑落时，应及时在列整理，不能在列整理时甩车整理，按规定拍发电报通知有关单位。(依据《货检规》第二十三条、第二十五条)

二十五、篷布苫盖不标准

货车非人力制动机一端篷布下垂遮盖端墙部分高度不符合“600 mm 左右”的规定，篷布角绳未牢固插接，如图 2-48 所示。

1. 主要问题及原因

(1)装卸作业人员违反作业标准，导致货车篷布苫盖不符合非人力制动

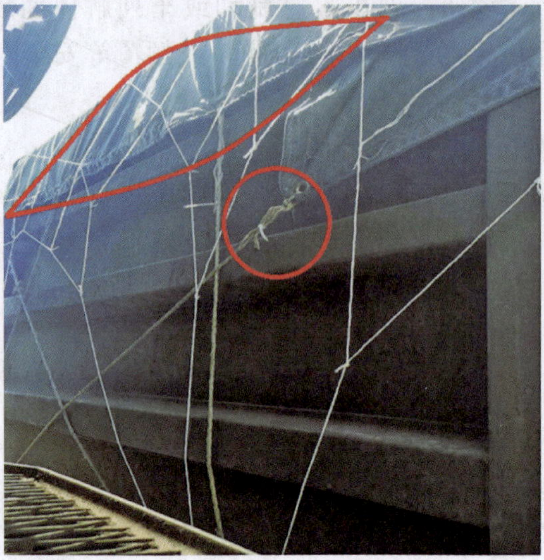

图 2-48　篷布下垂高度不足，篷布角绳未按规定插接

机一端“下垂遮盖端墙部分高度 600 mm 左右”的要求。（依据《篷规》附件 1“货车篷布苫盖方法”）

（2）发站使用篷布前，未严格检查篷布质量，导致角绳未牢固插接。［依据《篷规》第十条、第十四条，《关于公布货车篷布相关技术条件的通知》（运营专业〔2010〕667 号）附件 4］

（3）车站货运人员在交接检查车辆时，未严格执行交接检查规定，对篷布检查项点掌握不清，对存在的问题没有及时发现，造成问题车被编入列车上线运行。（依据《管规》第十六条，《专用线管理办法》第三十二条）

2. 安全风险及隐患

（1）货车非人力制动机一端篷布下垂遮盖端墙部分高度应为 600 mm 左右，高度不足时，可能发生篷布压绳不能将篷布包角压住，在列车运行时篷布会受到很大反向风力的作用，篷布包角将失去压绳的作用，加之篷布角绳未按规定插接，极可能导致篷布包角被反作用力的风掀起。如条件耦合，就会造成角绳被刮断，且篷布绳索可能刮打信号机、邻线列车，在电气化铁路区段将接触网刮断，造成接触网停电；严重者篷布被卷入车轮下，可能发生列车脱轨或颠覆等行车事故，存在行车安全风险。

(2)篷布下垂高度不足,角绳未按规定插接,列车运行中产生的风力可能会将角绳刮断,刮断的绳索伤及邻线作业人员,存在行车安全隐患。

3. 作业标准

(1)认真执行货车篷布苫盖的基本要求和苫盖前质量检查规定。

(2)苫盖篷布时将篷布正面(腰绳向外)纵向苫盖。货车两侧篷布下垂高度应一致。货车人力制动机一端篷布下垂遮盖端墙部分高度 300～500 mm,另一端下垂遮盖端墙部分高度 600 mm 左右。

(3)每车苫盖一张篷布。车辆较短时,篷布多余部分可折叠在中部相邻两腰绳处的篷布下方,折叠部分两腰绳对角拉紧拴固。

(4)将篷布角绳拉紧,使篷布角向内侧展开成三角形,布角两面压平后折向货车端墙,在车辆两端严密包角,使压绳压住包角。

(5)严格执行篷布捆绑方法,不得随意捆绑。

(6)认真执行苫盖后检查规定,不得漏检和简化检查程序。

(7)篷布绳网的苫盖和捆绑比照篷布执行。

(依据《篷规》附件 1"货车篷布苫盖方法")

4. 应采取的处理措施

货检站应严格检查篷布苫盖质量,对篷布苫盖有问题的车辆,整理符合要求后方可放行。(依据《篷规》第十九条,《货检规》第二十三条、第二十五条)

二十六、篷布腰绳断开

2023 年 9 月 2 日,X88823 次列车在乙站待避时,车站检查发现尾前第 4 位敞车(C_{64K}4881667,发站:甲站,品名:炭块)运行方向右侧两根篷布腰绳断开拖地,如图 2-49 所示,捆绑整理后放行。

1. 主要问题及原因

(1)发站和装车单位在使用篷布前,未认真检查篷布绳索质量,造成不合格的篷布绳索上线运行,导致发生篷布腰绳断开拖地问题。(依据《篷规》第十条、第十四条、附件 1"货车篷布苫盖方法")

(2)专用线货运员未执行交接检查的规定,是造成篷布腰绳断开的主要原因。(依据《管规》第十六条,《专用线管理办法》第三十二条)

图 2-49　篷布腰绳断开拖地

2. 安全风险及隐患

（1）装车单位使用不合格的篷布绳索，篷布绳索可能折断。断开的绳索在列车运行中会刮打信号机、邻线机车车辆及线路上作业人员，存在行车安全风险。

（2）篷布腰绳断开拖地，当列车运行在电气化铁路区段，当条件耦合时，绳索会缠绕接触网并将其刮断造成停电，危及列车运行安全，存在行车安全隐患。

3. 作业标准

（1）篷布苫盖前要认真检查布体完整，无破损，眼圈完好，标记、号码完整清晰。绳索齐全、完整、无接头、插接牢固，与篷布连接正确。（依据《篷规》附件1“货车篷布苫盖方法”）

（2）篷布苫盖完毕后，货运员在交接检查时，按规定进行检查，发现篷布绳索问题时，要求装车单位按规定更换。（依据《管规》第十六条，《专用线管理办法》第三十二条）

4. 应采取的处理措施

（1）中间站保留及甩挂作业的货物列车，发现篷布绳折断时，应通知铁路局集团公司调度，及时进行处理。（依据《管规》第四十二条，《货检规》第六条）

(2)货检站检查发现篷布腰绳断开时,应甩车处理,同时按规定拍发电报通知有关单位。(依据《货检规》第二十三条、第二十五条)

二十七、篷布绳脱落

2024 年 10 月 10 日 16 时 18 分,A 局集团公司××线 10651 次列车丙站通过时,外勤发现机后第 56 位车辆(C_{62BK}4933251,发站:甲站,到站:乙站,品名:卷钢)运行方向左侧篷布绳松脱,如图 2-50 和图 2-51 所示,16 时 20 分区间下行线 K655+089 处(0‰坡道)停车,16 时 45 分司机处理后开车。

图 2-50 篷布绳断开脱落

图 2-51 篷布绳断开

1. 主要问题及原因

(1)××冷轧薄板有限公司使用 C_{62BK}4933251 装车并自备篷布,篷布购买于2019年7月5日,已超使用期限,篷布绳索技术性能下降,运行中篷布捆绑绳索因风力作用与车辆产生摩擦,造成篷布绳断开,导致问题发生。(依据《篷规》第四十九条,附件1“货车篷布苫盖方法”)

(2)甲站所属B局集团公司和货运中心(站段)管理、交接检查不认真,企业使用过期篷布未及时发现和制止,是问题发生的重要原因。(依据《管规》第十六条,《专用线管理办法》第三十二条,《篷规》第四条)

(3)专用线日常监管不到位。B局集团公司对××冷轧薄板有限公司于2019年7月5日购入篷布50块并已超期使用的情况没有及时发现,是导致问题发生的又一原因。(依据《篷规》第二十六条)

2. 安全风险及隐患

(1)装车单位和铁路局集团公司对使用不合格篷布绳索可能存在的折断风险未进行研判。如条件耦合,折断绳索可能会刮打信号机、邻线列车、线路上作业人员,存在安全风险。

(2)如列车运行在电气化铁路区段,篷布腰绳断开拖地,易飘起刮断接触网,造成接触网停电,存在行业安全隐患。

3. 作业标准

(1)篷布苫盖前要认真检查布体完整,无破损,眼圈完好,标记、号码完整清晰。绳索齐全、完整、无接头、插接牢固,与篷布连接正确。(依据《篷规》附件1“货车篷布苫盖方法”)

(2)按规定检查篷布使用期限。(依据《篷规》第四十九条)

(3)篷布苫盖完毕后,货运员在交接检查时,按规定进行检查,发现篷布绳索存在问题时,要求装车单位按规定更换。(依据《篷规》第十六条、附件1“货车篷布苫盖方法”,《管规》第十六条,《专用线管理办法》第三十二条)

4. 应采取的处理措施

(1)中间站保留及甩挂作业的货物列车,发现篷布绳折断时,应通知铁路局集团公司调度,及时进行处理。(依据《管规》第四十二条,《货检规》第六条)

(2)货检站检查发现篷布腰绳断开时,应在列或甩车整理,整理符合要求后方可放行,同时按规定拍发电报通知有关单位。(依据《篷规》第十九条,《货检规》第二十三条、第二十五条)

二十八、车辆上有残留物未清理

散堆装货物装卸后上端梁、闸台上残留物未清理，如图 2-52 和图 2-53 所示。

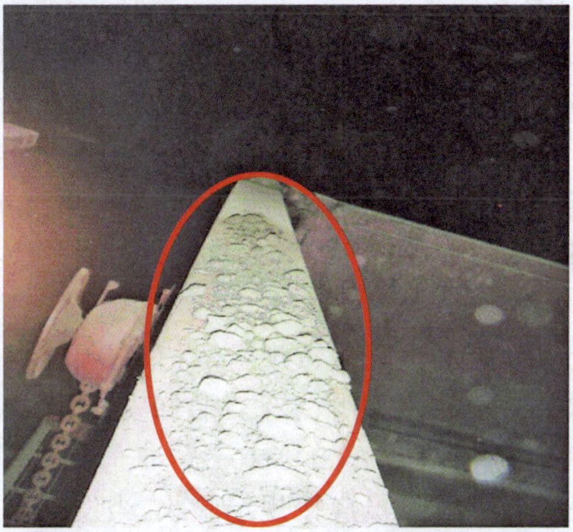

图 2-52　车辆上端梁有残留物

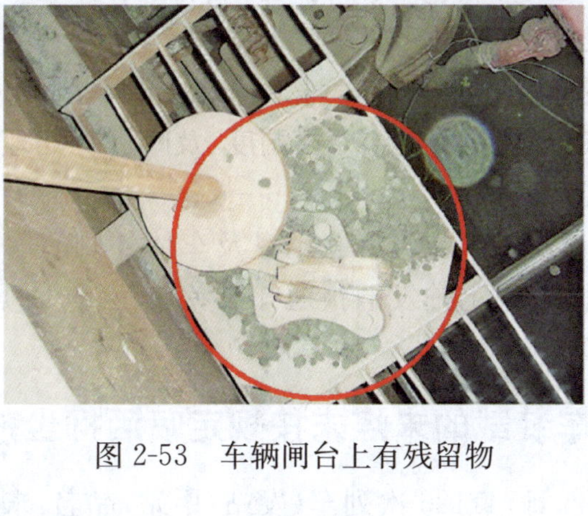

图 2-53　车辆闸台上有残留物

1. 主要问题及原因

(1)装卸作业完毕后，装卸人员未按规定清扫车帮、钩头、闸盘及车体外侧的散落物，导致问题发生。(依据《装卸管规》第四十三条，《装卸安技规》第

十七条、第一百三十条,《专用线管理办法》第三十条)

(2)装卸作业完毕后,货运员未执行验收规定,是问题发生的原因之一。(依据《装卸管规》第四十三条,《装卸安技规》第十七条、第十八条,《管规》第十六条)

2. 安全风险及隐患

(1)卸车单位未清扫车帮、钩头、闸盘及车体外侧的散落物,当列车在运行中,残留物可能被外力刮起,击打邻线机车车辆和线路作业人员,存在行车安全风险。

(2)车帮、钩头、闸盘及车体外侧的散落物,在列车会车时易击打旅客列车玻璃,不仅损坏机车车辆,而且伤及旅客生命,存在行车安全隐患。

3. 作业标准

(1)装卸作业完毕,装卸人员应按规定清扫车帮、钩头、闸盘及车体外侧的散落物。(依据《装卸管规》第四十三条,《装卸安技规》第十七条、第一百三十条,《专用线管理办法》第三十条)

(2)装卸作业完毕后,货运员应按规定验收,当发现车体外部有残留物,要及时组织清理,符合规定后方可编入列车。(依据《装卸管规》第四十三条,《装卸安技规》第十七条、第十八条,《管规》第十六条)

4. 应采取的处理措施

(1)中间站保留及甩挂作业的货物列车,发现车帮、钩头、闸盘及车体外侧的散落物时,应通知铁路局集团公司调度,及时进行处理。(依据《管规》第四十二条,《货检规》第六条)

(2)货检站检查发现车帮、钩头、闸盘及车体外侧的散落物时,应及时在列整理或甩车整理,按规定拍发电报通知有关单位。(依据《货检规》第二十三条、第二十五条)

二十九、敞车装载的末煤未按规定喷洒抑尘剂

2016 年 4 月 25 日,41126 次列车(发站:甲站,品名:末煤)在××线运行中被发现货物撒漏严重,全列扣车处理。经现场检查,该列 45 辆货车运行端墙、闸台等部位有撒漏的末煤,部分末煤顶面未喷洒抑尘剂,抑尘固化层部位成片破损,如图 2-54 和图 2-55 所示。

图 2-54　末煤表层抑尘状况

图 2-55　末煤撒落车体

41126 次列车影响旅客列车概况：2016 年 4 月 25 日 12 时 43 分，A 铁路局××线 K8232 次旅客列车运行到乙站至丙站间，途经 K100＋080××线隧道（上行线），因前行 41126 次列车末煤抑尘喷洒质量不达标，导致末煤表层剥离、脱落，粉尘飘撒弥漫隧道，如图 2-56 所示，煤粉进入车厢，造成严重污染，如图 2-57 所示。列车到丁站，部分旅客下车拒绝登车，滞留车站。丁站用 17 时 23 分到达的 8376 次车底，开行 K8232 次；17 时 40 分丁站开车。耽误本列4 h 57 min，影响旅客列车 2 列。

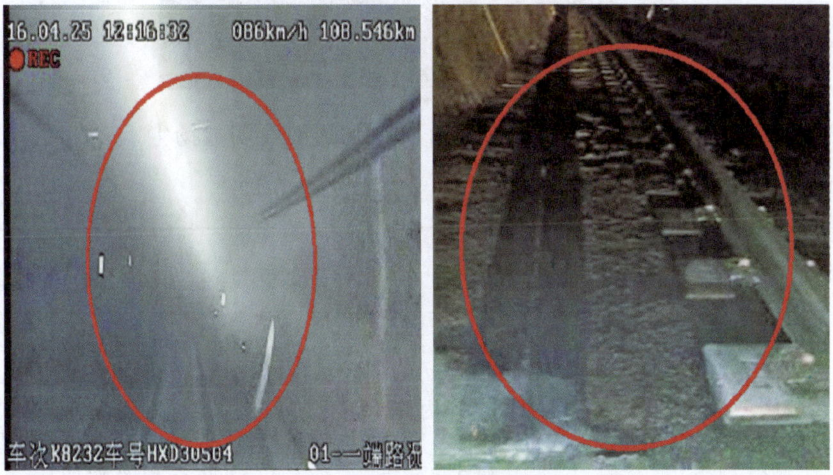

图 2-56　隧道内煤粉

图 2-57　K8232 次列车车厢内车门踏板上的煤粉

经查，41126 次列车通过戊站时，站台监控显示空气中粉尘弥漫，如图 2-58 所示；旅客投诉，见表 2-1。

图 2-58　41126 次列车戊站通过时有明显扬尘

表 2-1　旅客投诉

受理铁路局	投诉分类	受理单号	投诉方式	主要内容	处理情况及处理依据文件	投诉人联系电话
A 铁路局	其他	××-20160425-005	在线投诉	从××到××途经隧道，车内灰尘乱飞，凳子上都是一层灰。强烈建议换乘空调车	客服中心回复旅客信息：客服与旅客解释致歉，已将问题转至相关部门核实，旅客理解	132××××××××

续上表

受理铁路局	投诉分类	受理单号	投诉方式	主要内容	处理情况及处理依据文件	投诉人联系电话
B铁路局	环境卫生	××-20160425-003	电话投诉	4月25日××女士来电反映：当日乘坐K8232次列车，运行××至××旅客发现车内凳子和地面都是黑色灰尘，造成所有旅客咳嗽、呼吸困难，全身都是污垢，列车长虽致歉，问题未解决。列车停靠××站，600多名旅客拒绝乘坐，要求妥善处理	—	136×××××××××

1. 主要问题及原因

(1)装车单位对末煤未按规定喷洒抑尘剂，导致列车上线运行时，末煤表层剥离、脱落，同时给后续旅客列车造成污染，导致问题发生。[依据《铁路煤炭运输抑尘作业技术条件》(铁运函〔2009〕818号)]

(2)2016年4月22日41126次列车在B铁路局甲站进行装车作业，全列45辆车装末煤为喷吹煤，呈粉末状，粒度1～3 mm，装车后未认真平顶，未碾压拍实，抑尘剂喷洒质量不高，未全面覆盖，表面固化板结层厚度不一致，抑尘质量不达标，导致列车运行中末煤顶部抑尘固化层破损并成片脱落，粉末被吹起飘撒。当行驶至××线特长隧道(17 km)内，受风洞活塞效应，末煤粉尘飘撒弥漫隧道内部。造成后续K8232次非空调旅客列车通过隧道时，气流扰动形成负压，含有大量悬浮的末煤粉尘随运行气流通过客车门、窗、翻板和通过台风挡连接缝隙处卷入车厢内部，污染车厢，由此引发旅客不满而耽误列车。(依据《铁路煤炭运输抑尘作业技术条件》)

(3)车站货运人员未按规定对末煤抑尘剂喷洒质量进行交接检查，也是问题发生的原因之一。(依据《管规》第十六条，《铁路煤炭运输抑尘作业技术条件》)

2. 安全风险及隐患

(1)如装车站对末煤未按规定喷洒抑尘剂，可能发生末煤在列车运行时被风刮起来，飘落到空气中，严重污染环境，存在安全风险。

(2)末煤未按规定喷洒抑尘剂,易被列车运行时产生的风刮起来,污染后续旅客列车,给铁路带来负面影响,存在安全隐患。

3. 作业标准

(1)装车站对末煤按规定标准喷洒抑尘剂,防止末煤被风刮起。喷洒后煤炭表层形成的渗透厚度不得小于 10 mm,喷洒后不得遮盖货车标记。(依据《铁路煤炭运输抑尘作业技术条件》)

(2)专用线货运人员应按规定对末煤进行检查交接,同时对抑尘剂喷洒质量进行检查,不合格的,应重新进行处理,防止不合格车辆上线运行。(依据《铁路煤炭运输抑尘作业技术条件》,《管规》第十六条)

4. 应采取的处理措施

(1)中间站保留及甩挂作业的货物列车,发现敞车装载的末煤污染环境时,应通知铁路局集团公司调度,及时进行处理。(依据《管规》第四十二条,《货检规》第六条)

(2)货检站检查发现末煤被刮起污染环境时,应及时甩车整理,按规定拍发电报通知有关单位。(依据《货检规》第二十三条、第二十五条,《铁路煤炭运输抑尘作业技术条件》)

三十、货物偏移耽误列车

2021 年 5 月 8 日 0 时 27 分,××线 A 局集团公司甲站货检监控发现 X88965 次货物列车,机后第 24 位车辆(C_{70}1705398)装载的冷轧卷板发生偏移,如图 2-59 所示,将列车呼停于甲站至乙站间下行线 K177+564 处,经检查 1 时 21 分区间开车。1 时 38 分列车运行到 B 局集团公司乙站甩车处理,如图 2-60 和图 2-61 所示,3 时 03 分甩车完毕开车。耽误本列 139 min,影响货物列车 2 列、旅客列车 2 列。

1. 主要问题及原因

(1)托运人未按方案组织装车和加固,使用的装载加固材料(凹形草支垫)严重不达标,导致问题发生。(依据《加规》附件 5)

(2)铁路局集团公司未有效组织发站对专用铁路使用的装载加固材料进行抽查。(依据《加规》第六十九条)

(3)专用铁路货运员未有效落实交接检查制度。(依据《货规》第四十八

图 2-59 甲站监控发现冷轧卷板位移

图 2-60 乙站现场确认冷轧卷板位移

图 2-61 乙站冷轧卷板位移甩车

条,《管规》第十六条,《专用线管理办法》第三十二条)

(4)上一货检站对冷轧卷板等重点货物监控不到位,如图 2-62 所示。(依据《货检规》第二十三条、第三十五条,《加规》第七十八条)

图 2-62　上一货检站出发监控显示冷轧卷板位移

2. 安全风险及隐患

(1)如托运人自装货物不按方案进行装载和加固,同时使用不达标的凹形草支垫,可能会发生货物偏移,导致车辆倾斜,部分车轴负重超载,易发生燃轴,严重时将发生列车脱轨或颠覆等行车事故,存在行车安全风险。

(2)如上一货检站对冷轧卷板等重点货物监控不到位,货物发生偏移,车体向偏重一方倾斜,压死车辆转向架旁承,列车通过曲线或道岔时,存在列车脱轨或颠覆的安全隐患。

3. 作业标准

(1)托运人自装货物时,应认真执行方案和使用达标的凹形草支垫。(依据《加规》附件 5)

(2)货运员应严格落实专用铁路交接检查制度,发现问题组织托运人及时整改,符合规定后允许编入列车。(依据《货规》第四十八条,《专用线管理办法》第三十二条,《管规》第十六条)

(3)配有视频监控系统和货运计量系统的货检站要认真执行卷钢安全监控,发现问题按规定处理。(依据《货检规》第二十三条、第三十五条,《量规》第五十七条、第五十八条)

4. 应采取的处理措施

配有视频监控系统和货运计量系统的货检站要认真执行安全监控，发现冷轧卷板偏移时，应甩车整理，并按规定拍发电报通知有关单位。（依据《货检规》第二十三条、第二十五条，《量规》第五十七条、第五十八条）

三十一、集装箱上盖开启耽误列车

2023 年 10 月 9 日 15 时 13 分，A 局集团公司××线丙站视频监控货检员发现 X88425 次列车机后第 27 位车辆（C_{64K}4800178，发站：甲站，到站：乙站）装载的集装箱顶部上盖开启，如图 2-63 所示，立即向铁路局集团公司货监调度台进行汇报，16 时 00 分列车调度员布置前方站甩车处理，上盖开启情况如图 2-64 所示。16 时 35 分 X88425 次列车到达前方站 11 道，18 时 35 分甩车作业完毕。18 时 50 分 X88425 次列车前方站开车。耽误本列 2 h 15 min。

图 2-63 丙站视频监控显示集装箱顶部上盖开启

图 2-64 集装箱顶部上盖开启

1. 主要问题及原因

(1)××铁道发展集团有限公司下属实业有限公司专用线企业运输员，未将回送前的罐箱顶部箱盖关闭要求向装卸人员说明，也未检查箱盖关闭情况，导致问题发生。(依据《专用线管理办法》第二十九条、第三十条)

(2)车站货运员未严格执行交接检查制度。(依据《箱规》第二十九条，《专用线管理办法》第三十一条，《管规》第十六条)

(3)途中货检站当班货检监控人员没有认真监控集装箱盖的开闭状态，如图 2-65 所示，未及时采取应急补救措施。(依据《货检规》第二十三条、第二十五条，《加规》第七十八条)

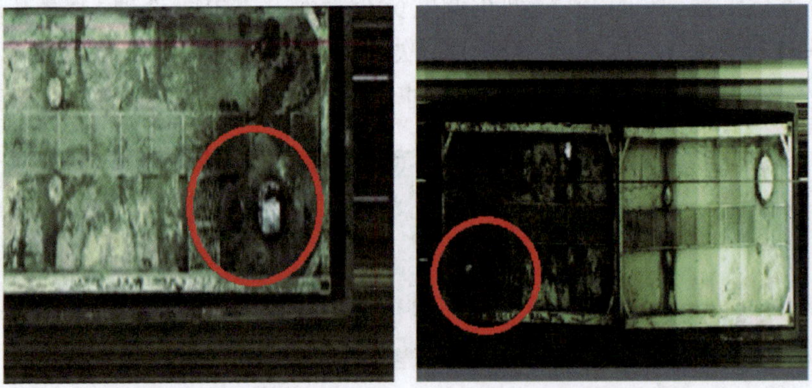

图 2-65　途中货检站监控显示集装箱顶部上盖开启

2. 安全风险及隐患

(1)如装卸作业人员不执行作业标准，可能会出现集装箱盖未关闭的情况，当列车在运行时，容易导致集装箱盖脱落，击打邻线机车车辆、行车设备、线路作业人员，存在安全风险。

(2)集装箱盖未关闭，在列车运行中，易发生集装箱盖脱离车辆，在列车会车时易击打旅客列车玻璃，不仅损坏机车车辆，而且伤及旅客生命，存在行车安全隐患。

3. 作业标准

(1)装卸作业人员要认真执行集装箱作业规定，对特种集装箱盖进行检查和关闭。(依据《箱规》第五十一条，《专用线管理办法》第二十九条、第三十条)

(2)专用线货运员对集装箱应认真交接检查，发现集装箱盖未按规定关闭时，立即组织作业人员进行关闭，直至符合规定。(依据《箱规》第二十九条，《专用线管理办法》第三十一条，《管规》第十六条)

4. 应采取的处理措施

配有视频监控系统的货检站要认真执行安全监控和现场检查规定，发现集装箱盖未关闭时，应甩车整理，并按规定拍发电报通知有关单位。(依据《货检规》第二十三条、第二十五条，《加规》第七十八条)

三十二、视频监控发现篷布破损

2018年8月11日，乙站货检检查发现，X13007次列车机后42位敞车(C_{70E}1718172，发站：甲站，品名：尿素)苫盖的货车篷布顶部被划开350 mm×300 mm的三角口子，如图2-66和图2-67所示，按规定进行了甩车处理。经查，该篷布(编号：4010271)为铁路篷布，经局间分界口视频显示篷布无破损。

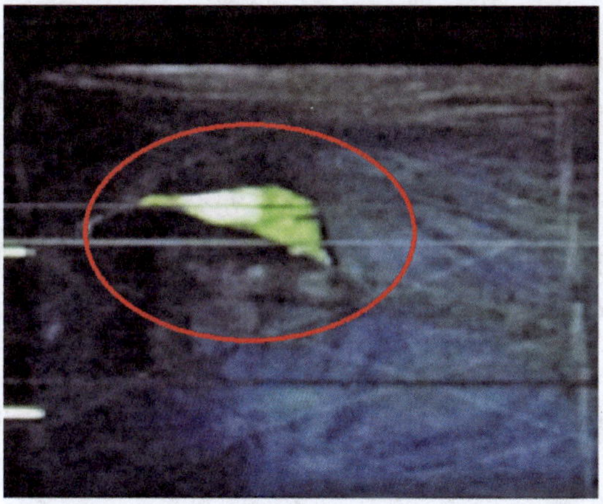

图2-66 视频监控显示篷布顶部被划开

1. 主要问题及原因

(1)经排查，尿素经济价值相对较高，被不法人员盯住，导致篷布被划问题发生。

(2)疑似该区段治安环境不佳，不法人员为了将尿素从篷布里盗走将篷布划开，是问题发生的主要原因。

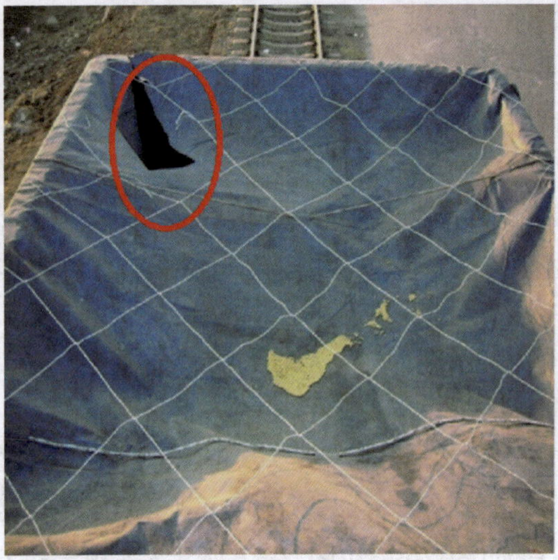

图 2-67　现场确认篷布被划开

2. 安全风险及隐患

(1)敞车装载苫盖篷布的货物(经济价值较高)存在篷布被划开货物被盗的可能,如在雨季,存在货物被淋湿的损失。被盗货物较多时,容易发生车辆偏载或偏重,影响列车运行安全,存在行车安全风险。

(2)如在电气化铁路区段,当篷布被划开,被划破的篷布及篷布绳(网)容易在列车运行中飘起挂上接触网,导致接触网损坏停电,存在行车安全隐患。

3. 作业标准

(1)专用线货运员在交接检查发现篷布被划开时,应通知托运人加以改善,达到标准后接收。(依据《专用线管理办法》第三十二条)

(2)配置视频监控的货检站要认真监控,发现问题按规定处理。(依据《货检规》第二十三条、第二十五条,《加规》第七十八条)

4. 应采取的处理措施

配有视频监控系统和货运计量系统的货检站发现篷布被划开,应按规定处理,编制记录和拍发电报通知有关单位。[依据《货检规》第二十三条、第二十五条,《加规》第七十八条,《量规》第五十七条、第五十八条,《铁路货物损失处理规则》(铁总货〔2018〕182 号)第二十八条]

三十三、敞车装载卷钢问题

使用钢座架装运卷钢存在安全隐患：如钢座架未与敞车侧墙内侧的立柱加强斜铁卡牢，造成卷钢连同钢座架整体倾斜，如图 2-68 所示；卷钢规格与钢座架不匹配，造成卷钢倾斜，如图 2-69 所示；选车不当，敞车侧墙内侧的立柱加强斜铁缺失，造成运行途中货物位移，如图 2-70 所示。

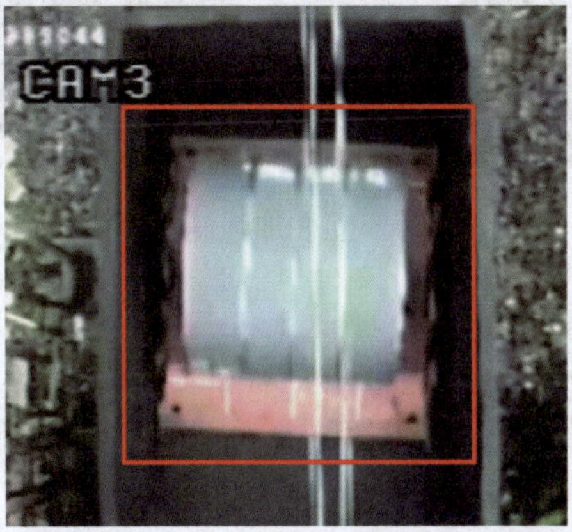

图 2-68 卷钢连同钢座架整体倾斜

图 2-69 卷钢规格与钢座架不匹配

图 2-70　立柱加强斜铁缺失

1. 主要问题及原因

(1)钢座架未与敞车侧墙内侧的立柱加强斜铁卡牢,造成卷钢连同钢座架整体倾斜;卷钢规格与钢座架不匹配,卷钢倾斜;敞车侧墙内侧立柱加强斜铁缺失,造成卷钢连同钢座架整体发生位移。(依据《货规》第二十五条,《加规》附件 5,《方案》07 类 03 项卷钢)

(2)装车单位作业质量不高,使用不符合规定的卷钢座架和技术状态不良的敞车,货运员在交接检查时未按规定检查是问题发生的主要原因。(依据《专用线管理办法》第二十七条、第三十一条,《管规》第十六条,《货规》第四十八条)

2. 安全风险及隐患

(1)如装车单位作业质量不高、使用不符合规定的卷钢座架和技术状态不良的敞车,可能会发生卷钢位移,造成车辆偏载或偏重,导致车辆倾斜,部分车轴负重超载,易发生车辆燃轴,条件耦合时会发生列车脱轨或颠覆等行车事故,存在行车安全风险。

(2)卷钢发生较大位移时,会导致车辆偏载或偏重,车体向偏重一方倾斜,压死车辆转向架旁承,列车通过曲线或道岔时,易发生列车脱轨或颠覆,存在行车安全隐患。

3. 作业标准

(1)装车单位要选用技术状态良好的敞车,使用配套的卷钢座架,按装载

加固方案装载加固卷钢。(依据《货规》第二十五条,《加规》附件 5,《方案》07 类 03 项卷钢)

(2)专用线货运员交接检查发现卷钢问题时,应通知装车单位,按规定处理,经处理符合规定后,允许编入列车。(依据《专用线管理办法》第二十七条、第三十一条,《管规》第十六条,《货规》第四十八条)

(3)配置视频监控的货检站要认真监控,发现问题按规定处理。(依据《货检规》第二十三条、第二十五条、第三十五条)

4. 应采取的处理措施

配有视频监控系统和货运计量系统的货检站发现卷钢位移时,应按规定处理,拍发电报通知有关单位。(依据《货检规》第二十三条、第二十五条、第三十五条,《量规》第五十七条、第五十八条)

三十四、卷钢发生窜滚

2023 年 2 月 11 日,甲站敞车(C_{64K}4946107)装运的卷钢,在乙站出发时货检视频监控员发现卷钢发生窜滚,如图 2-71 所示;经现场核实确认卷钢窜滚,如图 2-72 所示。

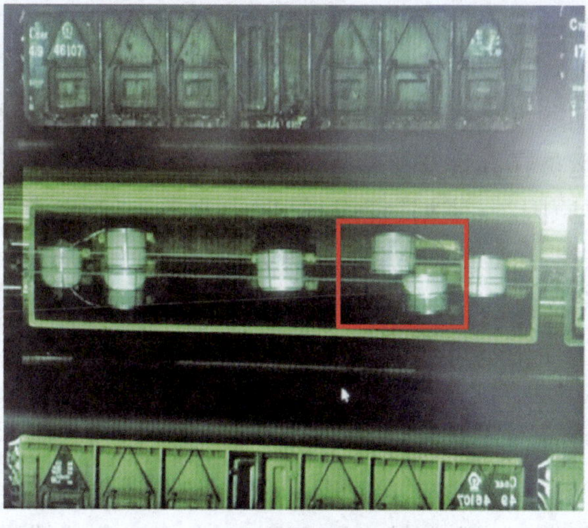

图 2-71 监控发现卷钢窜滚

图 2-72　现场核实卷钢窜滚

1. 主要问题及原因

(1)装车使用的凹形草支垫与卷钢规格不匹配,凹形草支垫规格尺寸、压实后凹部高度等不符合规定,两端 3 件卷钢用镀锌铁线整体捆绑(《方案》中无此规定)导致问题发生。(依据《方案》07 类 03 项卷钢,《加规》附件 5)

(2)甲站货运员在办理交接检查时,未按规定检查加固材料是否合格,是问题发生的主要原因。(依据《货规》第四十八条,《管规》第十六条,《装卸安技规》第十七条、第十八条,《专用线管理办法》第三十二条)

2. 安全风险及隐患

(1)装车单位使用不符合规定的装载加固材料,不按方案加固,可能造成卷钢窜滚,导致车辆倾斜,部分车轴负重超载,易发生车辆燃轴,会引发列车脱轨或颠覆等行车事故,存在行车安全风险。

(2)使用的凹形草支垫与卷钢规格不匹配,导致卷钢发生窜滚,车体向偏重一方倾斜,会导致压死车辆转向架旁承,列车通过曲线或道岔时,易发生列车脱轨或颠覆,存在安全隐患。

3. 作业标准

(1)装车单位使用的凹形草支垫规格与卷钢应匹配。(依据《加规》附件 5)

(2)装车单位应按装载加固方案进行装车,不准采用非标准加固材料进行非标准加固。(依据《方案》07 类 03 项卷钢)

(3)车站货运员应按规定进行交接检查,对检查中发现的问题组织装车单位认真整理,符合规定后允许编入列车。(依据《货规》第四十八条,《管规》第十六条,《装卸安技规》第十七条、第十八条,《专用线管理办法》第三十二条)

4. 应采取的处理措施

配有视频监控系统和货运计量系统的货检站发现卷钢窜滚和偏载、偏重时,应甩车处理,同时按规定拍发电报通知有关单位。(依据《货检规》第二十三条、第二十五条、第三十五条,《量规》第五十七条、第五十八条)

三十五、卷钢发生偏移

[案例 2-3] 4 月 7 日甲站敞车(C_{62BK}4605603)装运的卷钢,4 月 29 日到达乙站到达场时货检员发现加固线松动(卷钢未位移),通知车站甩车处理。乙站在甩车解编过程中,卷钢发生位移;4 月 30 日整理时,在使用轮重测定仪检测偏重 8.29 t 后,仅使用钢丝绳对卷钢进行了重新加固后即放行。5 月 1 日经丙站进站超偏载检测偏重 10.1 t,现场检查加固钢丝绳松脱,如图 2-73 所示,再次进行了甩车处理。

图 2-73 卷钢加固钢丝绳松脱

[案例 2-4] 甲站敞车(C_{64K}4815673)装运的卷钢,经乙站解编后发生位

移，出发前未及时发现处理；编入直通货物列车丙站通过时，经超偏载检测装置检测严重偏重报警 16.1 t，偏重情况如图 2-74 所示，丙站未及时汇报和处理，直到到达丁站再次严重偏重报警才被甩车处理。

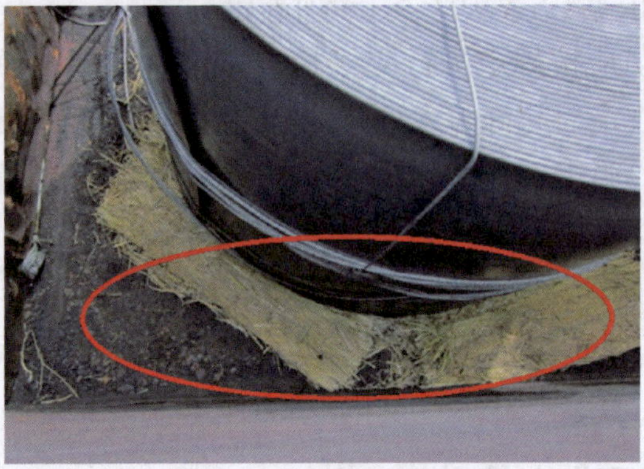

图 2-74　卷钢严重偏重

［案例 2-5］　甲站敞车（C_{64K}4818692）装运的卷钢，装车源头控制不到位造成途中偏载 124 mm，偏载情况如图 2-75 所示，同时暴露乙站视频监控设备角度不佳，如图 2-76 所示，影响货检站对问题的判断。

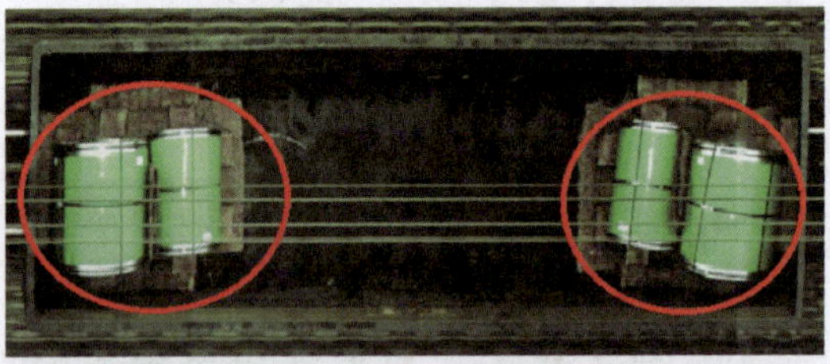

图 2-75　卷钢途中偏载

图 2-76　乙站视频监控设备角度不佳

[案例 2-6]　甲站敞车（C_{70}1607900）装运的卷钢，经乙站解编后发生窜滚；解编后在通过牵出线视频监控设备时已显示卷钢发生位移，货检未及时发现并处理；该车再次经过乙站超偏载检测装置时，偏重报警 10.2 t，偏重情况如图 2-77 所示。

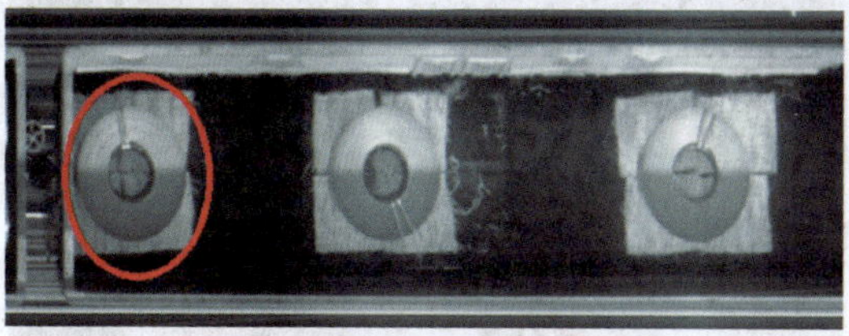

图 2-77　视频监控显示卷钢位移

[案例 2-7]　甲站敞车（C_{70}1665786）装运的卷钢，经乙站解编后发生窜动，偏重 13.7 t，如图 2-78 所示。

图 2-78　卷钢窜动后偏重

[案例 2-8]　甲站敞车（C_{64K}4923481）装运的卷钢，途中偏载 115 mm。经查，该车装车时未落实装载加固方案中的反又字拉牵加固卷钢的要求，未按规定使用稻草垫做防滑材料，如图 2-79 所示。

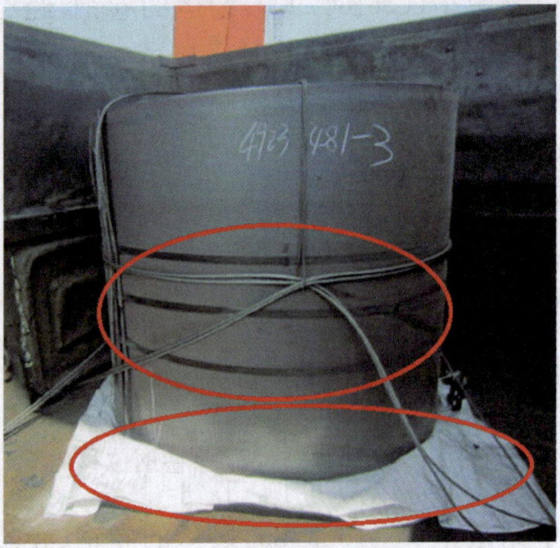

图 2-79　卷钢途中偏载且未按规定使用稻草垫

1. 主要问题及原因

(1)卷钢装车站装车质量不高,未按规定进行加固,未使用规定防滑材料等,导致问题发生。(依据《管规》第十四条,《装卸安技规》第十七条,《加规》附件 5)

(2)装车站货运员在交接检查时未执行作业标准,未及时发现装车质量不高,是问题发生的重要原因。(依据《管规》第十四条,《装卸安技规》第十八条)

(3)货检站发现问题处理不正确或不处理,导致问题进一步扩大。(依据《货检规》第二十三条、第二十五条、第三十五条,《加规》第七十八条)

(4)视频监控安装角度不佳,影响问题分析判断,也是问题发生的重要原因。[依据《铁路货运安全检测监控与管理系统总体技术规范》(铁运〔2013〕56 号)附件 2“铁路货车装载视频监视系统技术条件”]

2. 安全风险及隐患

(1)卷钢装车站装车质量不高,卷钢发生偏移,造成车辆偏载或偏重,导致车辆倾斜,部分车轴负重超载,易发生车辆燃轴,会引发列车脱轨或颠覆等行车事故,存在行车安全风险。

(2)当装载卷钢的车辆发生偏载、偏重时，车体向偏载偏重一方倾斜，会导致压死车辆转向架旁承，列车通过曲线或道岔时，易发生列车脱轨或颠覆，存在安全隐患。

3. 作业标准

(1)卷钢装车站在装车时，应严格执行《方案》规定，装车后装卸人员按规定检查装载加固是否牢固，发现问题及时处理，确保装载加固符合规定。(依据《管规》第十四条，《方案》07 类 03 项卷钢，《装卸安技规》第十七条)

(2)装车站货运员按规定进行交接检查，发现不符合规定时，及时组织作业人员进行整理，符合规定后允许编入列车。(依据《管规》第十四条，《装卸安技规》第十八条)

(3)配有视频监控系统的货检站，监控人员认真执行《货检规》规定，发现视频监控角度不佳时，及时通知维修单位进行调整。(依据《货检规》第二十三条、第二十五条、第三十五条，《加规》第七十八条，《铁路货运安全检测监控与管理系统总体技术规范》附件 2"铁路货车装载视频监视系统技术条件")

(4)货检站在整理卷钢问题车时，要严格执行《方案》中卷钢的装载加固规定，确保整理质量达标。

4. 应采取的处理措施

货检站发现卷钢偏移、偏载和偏重时，应甩车整理，同时按规定拍发电报通知有关单位。(依据《货检规》第二十三条、第二十五条、第三十五条，《加规》第七十八条，《量规》第五十七条、第五十八条)

三十六、卸车清理不彻底致彩条布挂上接触网

2014 年 3 月 19 日 17 时 15 分，××线 A 铁路局管内甲站值班员接工务职工汇报，甲站至乙站间 K788＋300 处接触网上有彩条布，如图 2-80 所示，不能过车。车站值班员立即呼叫已接近该站的 6162 次旅客列车司机不得越过该地点。17 时 18 分，6162 次停于 K788＋584 处。经供电人员赶到现场处理，6162 次于 17 时 39 分开车，停车 21 min。

经调阅相关视频监控录像，确认为 22717 次货物列车机后第 28 位敞车(C_{70E}1689169)内遗留的 2 块彩条布运行过程中被大风吹起挂在接触网上(其中一块长 16.5 m，宽 5.4 m；另一块长 13.6 m，宽 3.6 m)，如图 2-81 所示。

图 2-80　彩条布挂在接触网上

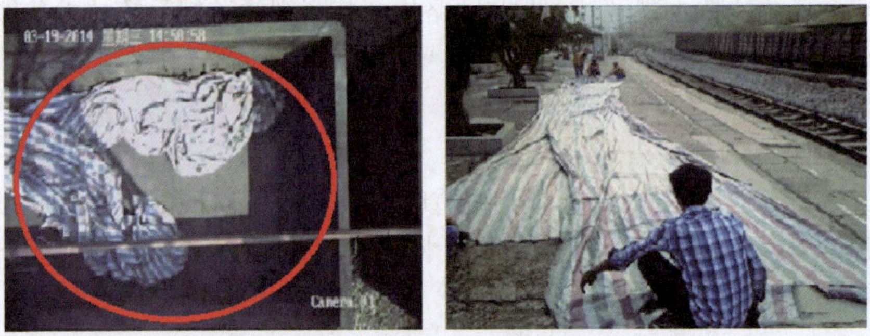

图 2-81　敞车内彩条布与处理后彩条布

1. 主要问题及原因

(1)铁路组织卸车，作业人员对货物卸车完毕后，未及时清理车内衬垫物，导致问题发生。（依据《装卸管规》第四十三条，《装卸安技规》第十七条，《货规》第三十条，《管规》第十五条）

(2)货运员未按规定对卸车完毕的敞车进行验收，是问题发生的重要原因。（依据《装卸管规》第四十三条，《装卸安技规》第十八条）

2. 安全风险及隐患

(1)卸车作业人员未对卸车后的彩条布进行清理，在电气化铁路区段，飘起的彩条布可能会挂上接触网，导致接触网停电，影响列车运行安全，存在行车安全风险。

(2)在电气化铁路区段，彩条布飘起挂在接触网上，容易与受电弓缠绕，损坏受电弓，存在影响列车运行的安全隐患。

3. 作业标准

(1)铁路组织卸车，作业人员对货物卸车完毕后，要及时清理车内衬垫物。（依据《装卸管规》第四十三条，《装卸安技规》第十七条，《货规》第三十条，《管规》第十五条）

(2)货运员应按规定对卸车完毕的敞车进行验收，确保车内清洁。（依据《装卸管规》第四十三条，《装卸安技规》第十八条）

4. 应采取的处理措施

(1)中间站保留及甩挂作业的货物列车，发现车辆上有彩条布飘起时，应通知铁路局集团公司调度，及时进行处理。（依据《管规》第四十二条，《货检规》第六条）

(2)配有视频监控系统的货检站发现敞车内有彩条布或彩条布飘起时，应进行在列整理或甩车整理，并按规定拍发电报通知有关单位。（依据《货检规》第二十三条、第二十五条）

三十七、敞顶集装箱篷布系绳开放

2023 年 5 月 3 日 16 时 22 分，某货检站二场 10 道接 40882 次列车，货检员现场作业发现机后第 41 位敞车（C_{70E}1718552）35 t 敞顶集装箱篷布系绳开放，如图 2-82 所示。

图 2-82　35 t 敞顶集装箱篷布系绳开放

1. 主要问题及原因

(1)针对 35 t 敞顶集装箱篷布系绳开放问题,托运人装箱苫盖篷布时未认真负责,未将篷布系绳拉紧、拴结牢固,是问题发生的直接原因。(依据《箱规》第二十三条、附件 3“20 英尺 35 t 敞顶集装箱装运方案”)

(2)货运员未落实交接集装箱时,对箱体外状进行交接检查的要求,未发现 35 t 敞顶集装箱篷布系绳存在开放隐患,是问题发生的重要原因。(依据《箱规》第二十九条、第三十条)

2. 安全风险及隐患

(1)未将 35 t 敞顶箱篷布系绳拉紧、拴结牢固,可能造成货物湿损,存在货物运输安全风险。

(2)如在电气化铁路区段,35 t 敞顶集装箱篷布系绳开放时,篷布可能会掀起刮打行车设备和接触网,存在行车安全隐患。

3. 作业标准

(1)托运人装箱苫盖篷布时要认真负责,将篷布系绳拉紧、拴结牢固。(依据《箱规》第二十三条、附件 3“20 英尺 35 t 敞顶集装箱装运方案”)

(2)在发站,货运员应落实交接集装箱时,对箱体外状进行交接检查的要求,及时发现 35 t 敞顶集装箱篷布系绳存在的隐患,由托运人改善后接收。(依据《箱规》第二十九条、第三十条)

4. 应采取的处理措施

(1)交接时货运员检查发现 35 t 敞顶集装箱篷布系绳存在开放隐患,应由托运人改善后接收。(依据《箱规》第二十九条、第三十条)

(2)中间站保留及甩挂作业的货物列车,发现 35 t 敞顶集装箱篷布系绳开放时,车站要及时处理。(依据《管规》第四十二条,《货检规》第六条)

(3)货检站检查发现 35 t 敞顶集装箱篷布系绳开放时,应甩车处理并按照规定拍发电报和编制普通记录。(依据《货检规》第二十三条、第二十五条,《管规》第四十四条)

第三章　平　车

平车是铁路货物运输常用车型之一，主要运输集装箱、钢轨、轮式货物、履带式货物、大型混凝土桥梁和军运装备等货物，具有适载性好、集载能力强的特点，被广泛使用。然而在实际运用中，因装车单位未按装载加固方案装载货物、因货运员未执行监装和未执行交接检查规定，常会导致以下问题的发生。

一、一列车中存在的四个问题

2024 年 2 月 21 日 20 时 36 分，某货检站东场 11 道接 45482 次列车，视频监控货检员发现机后第 18 位平车（N17K5490056）顶部有一敞顶箱一端压绳未穿入端部绳圈（现场确认绳圈缺失和失效），如图 3-1 和图 3-2 所示；机后第 20 位平车（N17AK5482154）装载的集装箱箱门处有货物撒漏，如图 3-3 所示；机后第 22 位平车（N17AK5482100）装载的集装箱锁杆上锁头未入锁座，如图 3-4 所示；机后第 31 位平车（N17AK5270623）装载的集装箱顶部有碎石，如图 3-5 所示。

图 3-1　一端压绳未穿入端部绳圈

图 3-2　绳圈缺失和失效

图 3-3　箱门处有货物撒漏

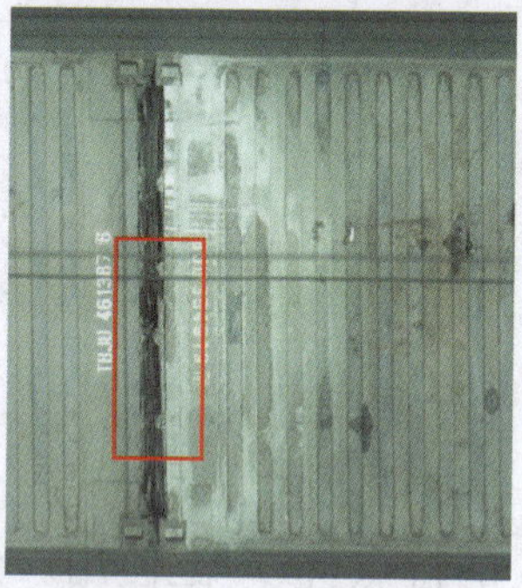

图 3-4　锁头未入锁座

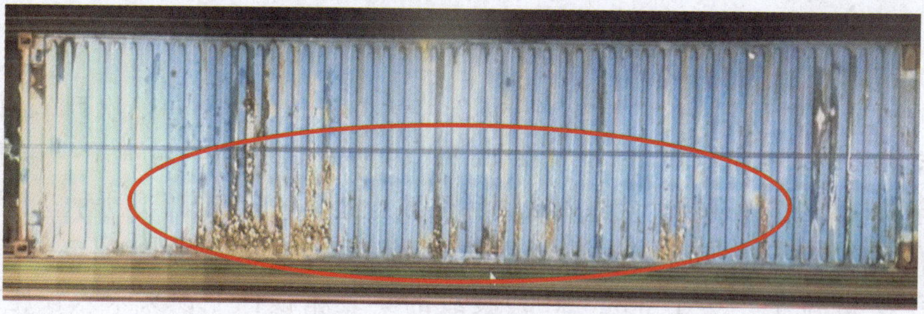

图 3-5　集装箱顶部有碎石

1. 主要问题及原因

(1)针对绳圈缺失(失效)、箱门处货物撒漏、锁头未入锁座问题,托运人未使用状态良好的集装箱,在使用前未检查箱体状况,是问题发生的直接原因。同时,货运员未落实交接集装箱时,对箱体外状进行交接检查的要求,是问题发生的重要原因。(依据《箱规》第十九条、第二十九条、第三十条)

(2)针对箱顶有碎石问题,货运员未对集装箱装车前箱体是否有杂物进行重点检查,是问题发生的直接原因。(依据《箱规》第四十七条)

2. 安全风险及隐患

(1)托运人和货运人员未认真履行工作职责,存在绳圈缺失(失效)、箱门处货物撒漏、锁头未入锁座等问题,当货物撒漏严重,容易导致车辆偏载,易导致列车脱轨、颠覆事故,存在行车安全风险。

(2)当敞顶箱篷布被风掀起时，可能造成货物湿损，存在货物运输安全隐患。

(3)货物散落或箱顶有碎石等，会刮(击)打行车设备，危及邻线作业人员安全，存在行车安全隐患。

3. 作业标准

(1)托运人应使用状态良好的集装箱，在使用前要认真检查箱体状况，发现箱体状况不良时及时提出，由车站予以更换。使用铁路箱时，车站应提供状态良好的集装箱。发站货运员检查发现未按规定关闭箱门，应由托运人改善后接收。箱体损坏危及货物和运输安全的不得接收。(依据《箱规》第十九条、第二十九条、第三十条)

(2)货运员对集装箱装车前箱体是否有杂物要进行重点检查，发现问题后及时组织清理。(依据《箱规》第四十七条)

4. 应采取的处理措施

(1)装车后货运员检查发现绳圈缺失(失效)不得接收。箱门处货物撒漏、锁头未入锁座、箱顶有杂物，由托运人改善和清理后接收。(依据《箱规》第十九条、第二十九条、第三十条、第四十七条)

(2)中间站保留及甩挂作业的货物列车，发现绳圈缺失(失效)、箱门处货物撒漏、锁头未入锁座、箱顶有杂物时，车站要及时处理。(依据《管规》第四十二条，《货检规》第六条)

(3)货检站检查发现绳圈缺失(失效)、箱门处货物撒漏、锁头未入锁座、箱顶有杂物时，甩车处理并按照规定拍发电报和编制普通记录。(依据《货检规》第二十三条、第二十五条，《管规》第四十四条)

二、集装箱锁头未调整到非工作位

2023 年 11 月 14 日 10 时 16 分，某货检站一场 7 道接 48404 次列车，货检员现场作业发现列车运行方向左侧机后第 49 位集装箱专用平车(BX_{70B}5800133)中部锁头未调整到非工作位，造成集装箱地板损坏，如图 3-6 和图 3-7 所示。

1. 主要问题及原因

在装车站，货运员未落实 BX_{70B} 型集装箱专用平车在装载 2 个 40 英尺集装箱时，第3、4、5、6和11、12、13、14位集装箱F-TR锁应处于非工作位的要求，是问题发生的直接原因。（依据《BX_{70B}型集装箱专用平车产品使用维护说明书》编号QCH407SM2.2条款）

图3-6　锁头未调整到非工作位

图3-7　集装箱地板损坏

2. 安全风险及隐患

货运员未落实BX_{70B}型集装箱专用平车在装载2个40英尺集装箱时，第3、4、5、6和11、12、13、14位集装箱F-TR锁应处于非工作位的要求，存在将集装箱地板顶破风险，可能造成内装货物破损、集装箱内拴结点变形或失效，存在货物运输安全隐患。

3. 作业标准

在装车站，货运员应严格落实BX_{70B}型集装箱专用平车在装载2个40英尺集装箱时，第3、4、5、6和11、12、13、14位集装箱F-TR锁应处于非工作位的要求。（依据《BX_{70B}型集装箱专用平车产品使用维护说明书》编号QCH407SM2.2条款）

4. 应采取的处理措施

（1）装车后货运员检查BX_{70B}型集装箱专用平车，在装载2个40英尺集装箱时，发现第3、4、5、6和11、12、13、14位集装箱F-TR锁处于工作位，要及时组织将集装箱吊起，将集装箱F-TR锁处于工作位的调整为非工作位。（依据《BX_{70B}型集装箱专用平车产品使用维护说明书》编号QCH407SM2.2条款）

（2）中间站保留及甩挂作业的货物列车，发现BX_{70B}型集装箱专用平车在装载2个40英尺集装箱时，第3、4、5、6和11、12、13、14位集装箱F-TR锁未处于非工作位时，车站要及时处理。（依据《管规》第四十二条，《货检规》第六条）

(3)货检站检查发现 BX_{70B} 型集装箱专用平车装载 2 个 40 英尺集装箱，第 3、4、5、6 和 11、12、13、14 位集装箱 F-TR 锁未处于非工作位时，应甩车处理并按照规定拍发电报和编制普通记录。(依据《货检规》第二十三条、第二十五条,《管规》第四十四条)

三、集装箱内有不明液体流出

2023 年 4 月 25 日 12 时 16 分，某货检站西场 7 道接 X8507 次列车，货检员现场作业发现列车运行方向左侧机后第 23 位平车(N_{17}5307489)装载的集装箱有不明液体流出。甩车整理时发现集装箱内货物为液压设备，设备液压油泄漏，货物位移，加固线折断，如图 3-8～图 3-11 所示。

图 3-8　设备液压油泄漏 1

图 3-9　设备液压油泄漏 2

图 3-10　设备液压油泄漏和设备位移

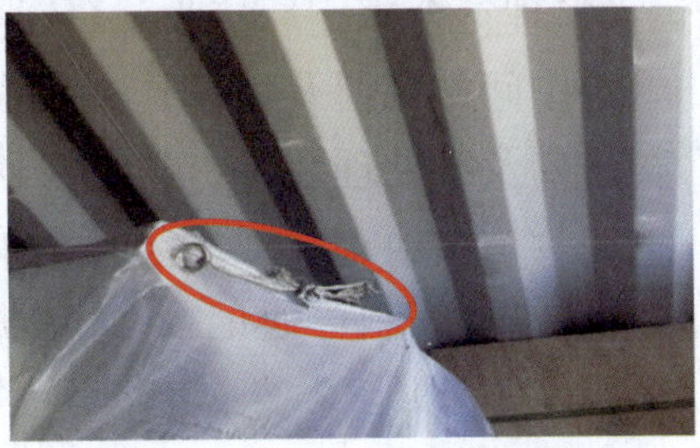

图 3-11　加固线折断

1. 主要问题及原因

(1)针对集装箱内设备位移导致液压油泄漏问题，托运人使用的加固材料未达到技术要求而断裂，未能有效防止货物移动，是问题发生的直接原因。

（依据《箱规》第二十三条）

（2）装车站货运员未对集装箱进行开箱检查，未能有效防止货物装载加固不良问题，是问题发生的重要原因。（依据《箱规》第四十四条）

2. 安全风险及隐患

（1）托运人未认真履行与集团公司签订的有关协议，存在集装箱内设备位移、液压油泄漏等问题，如条件耦合将发生车辆偏载、偏重，导致车辆倾斜，部分车轴负重超载，易发生车辆燃轴，会引发列车脱轨或颠覆等行车事故，存在行车安全风险。

（2）集装箱内设备位移、液压油泄漏时，可能造成车辆偏载、偏重；车体向偏载偏重一方倾斜，会导致压死车辆转向架旁承，列车通过曲线或道岔时，易发生车辆脱轨或列车颠覆，存在行车安全隐患。

3. 作业标准

（1）托运人应使用合格的加固材料，采取有效措施防止货物移动。（依据《箱规》第二十三条）

（2）装车站货运员应按一定的检查比例对集装箱进行开箱检查，对货物装载加固情况进行重点检查，防止出现装载加固不良等问题。（依据《箱规》第四十四条）

4. 应采取的处理措施

（1）装车站货运员开箱检查发现货物装载加固情况存在问题时，应组织托运人整理符合规定后接收。（依据《箱规》第四十四条）

（2）中间站保留及甩挂作业的货物列车，发现集装箱内有不明液体流出时，车站要及时处理。（依据《管规》第四十二条，《货检规》第六条）

（3）货检站检查发现集装箱内有不明液体流出时，应甩车处理并按照规定拍发电报和编制普通记录。（依据《货检规》第二十三条、第二十五条，《管规》第四十四条）

四、车地板被货物压坏

2023 年 5 月 24 日 12 时 26 分，某货检站东场 3 道接 22105 次列车，货检员现场作业发现机后第 13 位平车（N_{17AK}5356981）装载的挖掘机支臂将车地板压坏，扒锔钉失效，如图 3-12 和图 3-13 所示。

图 3-12　挖掘机支臂将车地板压坏

图 3-13　扒锔钉失效

1. 主要问题及原因

（1）货运员未认真向装卸工组交代挖掘机支臂下要放一块厚木板并使用圆钢钉钉固，以及在支臂两侧用钢挡时要使用圆钢钉钉固的提示，是问题发生的直接原因。（依据《装卸安技规》第十三条）

（2）装车后货运员未认真检查货物装载加固状态，特别是忽视挖掘机支臂下要放一块厚木板和支臂两侧用钢挡时要使用圆钢钉钉固的规定，是问题发生的重要原因。（依据《管规》第十四条）

2. 安全风险及隐患

（1）货运员未认真向装卸工组交代挖掘机支臂下要放一块厚木板并使用圆钢钉钉固，以及在支臂两侧用钢挡时要使用圆钢钉钉固的提示，存在安全风险。

（2）挖掘机支臂将车地板压坏严重时，存在挖掘机掉落危及本列车行车安全的隐患。

3. 作业标准

（1）装车时，货运员应认真向装卸工组交代装载加固方案及注意事项。（依据《装卸安技规》第十三条）

（2）装车后，货运员应认真检查货物装载加固情况，确认是否符合装载加固方案要求。（依据《管规》第十四条）

4. 应采取的处理措施

（1）装车站货装值班员检查发现挖掘机支臂下未放一块厚木板并使用圆

钢钉钉固，以及在支臂两侧用钢挡未使用圆钢钉钉固时，应及时组织货运员改正。[依据《国铁集团关于印发铁路货运员等5个工种职业技能等级标准及岗位标准的通知》(铁劳卫函〔2020〕600号)附件3]

(2)中间站保留及甩挂作业的货物列车，发现挖掘机支臂将车地板压坏严重时，车站要及时处理。(依据《管规》第四十二条，《货检规》第六条)

(3)货检站检查发现挖掘机支臂将车地板压坏严重时，应甩车处理并按照规定拍发电报和编制普通记录。(依据《货检规》第二十三条、第二十五条，《管规》第四十四条)

五、专用集装箱蒙皮脱落

2023年4月5日13时26分，某货检站南场6道接48406次列车，货检员现场作业发现机后第17位平车(N17AK5394358)装载的食用油专用集装箱蒙皮脱落，如图3-14所示。

图3-14　专用集装箱蒙皮脱落

1. 主要问题及原因

(1)针对专用集装箱蒙皮脱落问题，托运人未使用状态良好的集装箱，在使用前未检查箱体状况，是问题发生的直接原因。(依据《箱规》第十九条)

(2)货运员未落实交接集装箱时，对箱体外状进行交接检查的要求，未发现专用集装箱蒙皮铆钉存在失效隐患，是问题发生的重要原因。(依据《箱规》第二十九条、第三十条)

2. 安全风险及隐患

(1)托运人和货运人员未认真履行工作职责，未认真检查专用集装箱蒙皮脱落问题，如条件耦合将发生击(刮)打邻线机车车辆、行车设备、线路作业人员，存在行车安全风险。

(2)在电气化铁路区段，专用集装箱蒙皮脱落，如飘落接触网上，可能造成接触网短路，存在行车安全隐患。

3. 作业标准

(1)托运人应使用状态良好的集装箱，在使用前要认真检查箱体状况，发现箱体状况不良时及时提出，由车站予以更换。(依据《箱规》第十九条)

(2)在装车站，货运员检查发现箱体损坏危及运输安全的不得接收。(依据《箱规》第二十九条、第三十条)

4. 应采取的处理措施

(1)交接时货运员检查发现集装箱蒙皮铆钉失效存在蒙皮脱落时不得接收。(依据《箱规》第二十九条、第三十条)

(2)中间站保留及甩挂作业的货物列车，发现集装箱蒙皮脱落时，车站要及时处理。(依据《管规》第四十二条，《货检规》第六条)

(3)货检站检查发现集装箱蒙皮脱落时，应甩车处理并按照规定拍发电报和编制普通记录。(依据《货检规》第二十三条、第二十五条，《管规》第四十四条)

六、集装箱下侧梁及箱体断裂

2023 年 6 月 5 日 15 时 26 分，某货检站一场 11 道接 X75060 次列车，货检员现场作业发现机后第 30 位平车(N_{70}5256841)装载的集装箱两侧下侧梁及箱体断裂，如图 3-15 和图 3-16 所示。

图 3-15　集装箱左侧下侧梁及箱体断裂

图 3-16　集装箱右侧下侧梁及箱体断裂

1. 主要问题及原因

(1)集装箱起重设备操作司机在起吊前,未确认四个旋锁处于锁闭位置就起吊,也未试吊就起吊,导致集装箱掉落在钢轨上,造成集装箱两侧下侧梁及箱体断裂。事发后没有通知货运员,装卸工组私自将集装箱装到车上,是问题发生的直接原因。(依据《装卸安技规》第十二条、第八十一条、第一百三十五条)

(2)货运员未落实交接集装箱时,对箱体外状进行交接检查的要求,未发现集装箱两侧下侧梁及箱体断裂隐患,是问题发生的重要原因。(依据《箱规》第二十九条、第三十条)

2. 安全风险及隐患

(1)集装箱起重设备操作司机在起吊前,未确认四个旋锁处于锁闭位置就起吊,也未试吊就起吊,存在作业箱体损坏和货物破损等安全风险。

(2)如在列车运行中集装箱掉落,可能击打邻线行车设备、线路作业人员,存在行车安全隐患。

(3)如在列车运行中集装箱掉落,会危及本列车行车安全,条件耦合时,会导致列车脱线或颠覆事故,存在行车安全风险。

3. 作业标准

(1)集装箱起重设备操作司机在起吊前,要确认四个旋锁处于锁闭位置,要进行试吊。装卸工组装车前要配合货运员检查集装箱有无破损。(依据《装卸安技规》第十二条、第八十一条、第一百三十五条)

(2)在装车站,货运员检查发现箱体损坏危及运输安全的不得接收。(依据《箱规》第二十九条、第三十条)

4. 应采取的处理措施

(1)交接时货运员检查发现集装箱损坏时不得接收。(依据《箱规》第二十九条、第三十条)

(2)中间站保留及甩挂作业的货物列车,发现集装箱损坏时,车站要及时处理。(依据《管规》第四十二条,《货检规》第六条)

(3)货检站检查发现集装箱损坏时,应甩车处理并按照规定拍发电报和编制普通记录。(依据《货检规》第二十三条、第二十五条,《管规》第四十四条)

七、集装箱箱门未朝向外侧门挡

2023 年 2 月 13 日 13 时 21 分,某货检站二场 11 道接 40682 次列车,货检员现场作业发现机后第 11 位平车(X_{4K}5700079)装载的集装箱箱门未朝向外侧门挡,如图 3-17 所示。

图 3-17 集装箱箱门未朝向外侧门挡

1. 主要问题及原因

(1)作业前,装卸工组长未按货运员的要求向集装箱起重设备操作司机和其他辅助人员提示“X_{4K} 型集装箱平车,两端箱位装载集装箱、中间箱位未装载集装箱时,箱门应朝向外侧门挡”的规定。装车时货运员向装卸工组提示注意事项时,装卸工组未注意听,是问题发生的直接原因。(依据《装卸安技规》第十一条、第十三条,《箱规》第五十条)

(2)货运员未落实验收规定,是问题发生的重要原因。(依据《装卸安技规》第十八条)

2. 安全风险及隐患

(1)装卸工组长、集装箱起重设备操作司机和辅助人员不落实作业要求，不注意听注意事项，存在行车和货物运输安全隐患。

(2)X_{4K} 型集装箱平车装载集装箱，两端箱位装载集装箱、中间箱位不装载集装箱时，箱门未朝向外侧门挡，当列车运行箱门开放时货物掉落，可能击打邻线行车设备、线路作业人员，存在行车安全隐患。

(3)如在列车运行中货物掉落，会危及本列车行车安全，条件耦合时，存在行车安全风险。

3. 作业标准

(1)作业前，装卸工组长应按货运员的要求向集装箱起重设备操作司机和其他辅助人员提示，X_{4K} 型集装箱平车，两端箱位装载集装箱、中间箱位不装载集装箱时，箱门应朝向外侧门挡的规定。装车时货运员向装卸工组提示注意事项时，装卸工组要注意听，听清楚、听明白后才可以作业。(依据《装卸安技规》第十一条、第十三条，《箱规》第五十条)

(2)货运员要落实验收规定。(依据《装卸安技规》第十八条)

4. 应采取的处理措施

(1)货运员要落实验收规定，发现箱门未朝向外侧门挡时，组织装卸工组改正，合格后签认“装卸作业单”。(依据《装卸安技规》第十八条)

(2)中间站保留及甩挂作业的货物列车，发现箱门未朝向外侧门挡时，车站要及时处理。(依据《管规》第四十二条，《货检规》第六条)

(3)货检站检查发现箱门未朝向外侧门挡时，应甩车处理并按照规定拍发电报和编制普通记录。(依据《货检规》第二十三条、第二十五条，《管规》第四十四条)

八、集装箱锁头错位

2024 年 4 月 15 日 13 时 55 分，某货检站南场 10 道接 19002 次列车，货检员现场作业发现机后第 31 位平车(NX_{70A}5481988)装载的集装箱锁头错位，导致集装箱锁头未完全入位，如图 3-18 和图 3-19 所示。

1. 主要问题及原因

(1)作业前，装卸工组未检查出集装箱锁头错位，是问题发生的直接原

图 3-18　集装箱锁头未完全入位 1

图 3-19　集装箱锁头未完全入位 2

因。(依据《装卸安技规》第十二条,《箱规》第四十七条)

(2)货运员未落实验收规定,是问题发生的重要原因。(依据《装卸安技规》第十八条)

2. 安全风险及隐患

(1)装卸工组未按作业标准作业,也未检查出集装箱锁头错位,给行车和货物运输安全埋下隐患,存在安全风险。

(2)集装箱锁头错位,导致集装箱锁头未完全入位,严重影响集装箱在车辆上的稳定,在列车运行中,可能造成集装箱脱落,危及行车安全,存在安全隐患。

3. 作业标准

(1)作业前,装卸工组应认真检查集装箱锁头是否齐全、状态良好。(依据《装卸安技规》第十二条,《箱规》第四十七条)

(2)货运员落实验收规定时,要确认锁头完全入位。(依据《装卸安技规》第十八条,《箱规》第四十七条)

4. 应采取的处理措施

(1)装卸工组应认真检查集装箱锁头是否齐全、状态良好,发现锁头错位时,及时调整合格。(依据《装卸安技规》第十二条,《箱规》第四十七条)

(2)中间站保留及甩挂作业的货物列车,发现集装箱锁头未完全入位时,车站要及时处理。(依据《管规》第四十二条,《货检规》第六条)

(3)货检站检查发现集装箱锁头未完全入位时,应甩车处理并按照规定拍发电报和编制普通记录。(依据《货检规》第二十三条、第二十五条,《管规》第四十四条)

九、车钩缓冲停止器未撤除、专用平车门挡未立起

2024 年 6 月 25 日 16 时 15 分,某货检站南场 10 道接 19006 次列车,货检员现场作业发现机后第 31 位空平车(N_{17AK}5266589)车钩缓冲停止器未撤除,如图 3-20 所示;机后第 45 位平车(X_{70}5472556)箱门处集装箱专用平车门挡未立起,如图 3-21 所示。

图 3-20　车钩缓冲停止器未撤除

图 3-21　集装箱专用平车门挡未立起

1. 主要问题及原因

(1)卸车后、装箱后，装卸工组未检查出车辆有异状，即空平车车钩缓冲停止器未撤除、箱门处集装箱专用平车门挡未立起，是问题发生的直接原因。(依据《装卸安技规》第十七条，《箱规》第四十七条)

(2)货运员未落实验收规定，是问题发生的重要原因。(依据《装卸安技规》第十八条)

2. 安全风险及隐患

(1)货运员未检查出空平车车钩缓冲停止器未撤除，存在车钩缓冲停止器脱落隐患，给本列车埋下脱线或颠覆的行车隐患。

(2)箱门处集装箱专用平车门挡未立起，在列车运行中，集装箱中货物因惯性易将箱门撞开，存在箱门开启后箱内货物脱落隐患，危及行车安全。

3. 作业标准

(1)卸车后、装箱后，装卸工组要认真检查车辆有无异状。(依据《装卸安技规》第十七条，《箱规》第四十七条)

(2)货运员要落实验收规定，确认空平车车钩缓冲停止器已撤除、箱门处集装箱专用平车门挡已立起。(依据《装卸安技规》第十八条，《箱规》第四十七条)

4. 应采取的处理措施

(1)货运员检查出空平车车钩缓冲停止器未撤除、箱门处集装箱专用平车门挡未立起时，应组织装卸工组将问题正确处理，验收合格后签认"装卸作业单"。(依据《装卸安技规》第十七条、第十八条，《箱规》第四十七条)

(2)中间站保留及甩挂作业的货物列车，发现空平车车钩缓冲停止器未撤除、箱门处集装箱专用平车门挡未立起时，车站要及时处理。(依据《管规》第四十二条，《货检规》第六条)

(3)货检站检查发现空平车车钩缓冲停止器未撤除、箱门处集装箱专用平车门挡未立起时，能在列整理的在列整理，无法在列整理的甩车处理，并按照规定拍发电报和编制普通记录。(依据《货检规》第二十三条、第二十五条，《管规》第四十四条)

十、螺旋式紧线器崩脱

2023 年 5 月 21 日 6 时 05 分，某货检站南场 11 道接 19001 次列车，货检员现场作业发现机后第 45 位平车（N17AK5277897）装载的汽车，加固材料螺旋式紧线器崩脱，如图 3-22 所示。

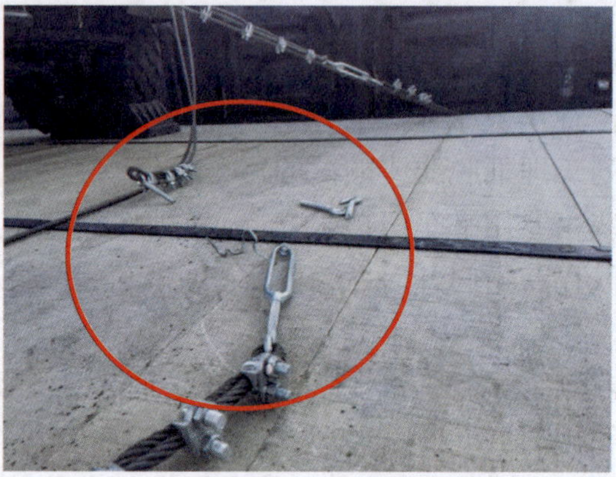

图 3-22　螺旋式紧线器崩脱

1. 主要问题及原因

（1）托运人准备的螺旋式紧线器与钢丝绳抗拉强度不匹配，是问题发生的直接原因。（依据《加规》附件 5）

（2）装车后，货运员验收装载加固时，未发现螺旋式紧线器与钢丝绳抗拉强度不匹配，是问题发生的重要原因。（依据《装卸安技规》第十八条，《加规》附件 5）

2. 安全风险及隐患

（1）货运员未检验出螺旋式紧线器与钢丝绳抗拉强度不匹配，加固材料螺旋式紧线器崩脱，导致汽车偏移超限，刮打邻线机车车辆、行车设备或建筑物，为行车安全埋下隐患。

（2）螺旋式紧线器崩脱，导致加固线失效，存在汽车坠落隐患，危及行车安全。

3. 作业标准

（1）托运人准备的螺旋式紧线器与钢丝绳抗拉强度应匹配。（依据《加

规》附件 5)

(2)装车后,货运员验收装载加固发现螺旋式紧线器与钢丝绳抗拉强度不匹配时,要组织更换,重新加固。(依据《装卸安技规》第十三条、第十八条,《加规》附件 5)

4. 应采取的处理措施

(1)货运员检验出螺旋式紧线器与钢丝绳抗拉强度不匹配时,应组织装卸工组更换重新加固,验收合格后签认“装卸作业单”。(依据《装卸安技规》第十三条、第十七条、第十八条,《加规》附件 5)

(2)中间站保留及甩挂作业的货物列车,发现螺旋式紧线器崩脱时,车站要及时处理。(依据《管规》第四十二条,《货检规》第六条)

(3)货检站检查发现螺旋式紧线器崩脱时,应甩车处理并按照规定拍发电报和编制普通记录。(依据《货检规》第二十三条、第二十五条,《管规》第四十四条)

十一、汽车挡泥板脱落

2023 年 11 月 21 日 16 时 05 分,某货检站西场 8 道接 45006 次列车,货检员现场作业发现机后第 21 位平车(N_{17AK}5072999)装载的汽车,汽车挡泥板脱落,如图 3-23 所示。

图 3-23　汽车挡泥板脱落

1. 主要问题及原因

(1)托运人托运汽车时,对汽车挡泥板活动部位没有提出书面说明,是问题发生的直接原因。(依据《加规》第六十三条)

(2)装车后,货运员验收汽车装载加固时,未发现固定汽车挡泥板的螺栓松动,是问题发生的重要原因。(依据《装卸安技规》第十八条)

2. 安全风险及隐患

(1)货运员未检查出固定汽车挡泥板的螺栓松动,在列车运行中,为挡泥板脱落、危及行车安全埋下安全隐患,存在安全风险。

(2)在列车运行中,汽车挡泥板脱落,可能会击打邻线机车车辆、行车设备、作业人员,危及行车安全。

3. 作业标准

(1)托运人托运汽车时,对汽车挡泥板活动部位要提出书面说明并盖章或签字。(依据《加规》第六十三条)

(2)装车后,货运员验收汽车装载加固发现固定汽车挡泥板的螺栓松动,应组织装卸工组进行紧固,合格后签认"装卸作业单"。(依据《装卸安技规》第十八条)

4. 应采取的处理措施

(1)货运员检查汽车装载加固发现固定汽车挡泥板的螺栓松动时,应组织装卸工组进行紧固,合格后签认"装卸作业单"。(依据《装卸安技规》第十八条)

(2)中间站保留及甩挂作业的货物列车,发现汽车挡泥板脱落时,车站要及时处理。(依据《管规》第四十二条,《货检规》第六条)

(3)货检站检查发现汽车挡泥板脱落时,应进行在列整理并按照规定拍发电报和编制普通记录。(依据《货检规》第二十三条、第二十五条,《管规》第四十四条)

十二、加固盘条断裂

2023 年 12 月 16 日 11 时 25 分,某货检站五场 8 道接 22008 次列车,货检员现场作业发现机后第 10 位平车(N_{17K}5063001)装载重轨,运行方向右侧货物转向架加固盘条断裂 3 根,如图 3-24 所示。

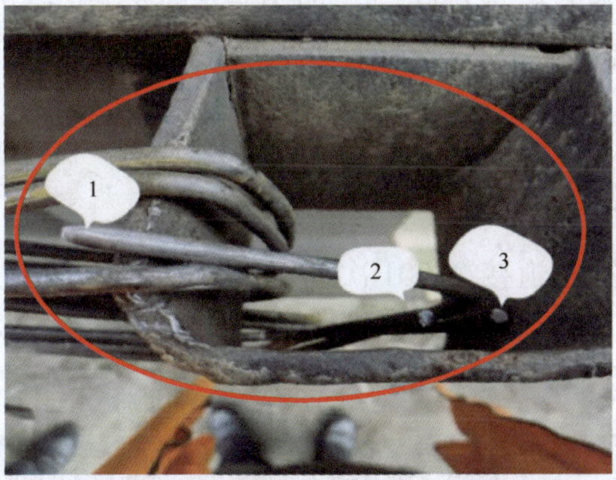

图 3-24 货物转向架加固盘条断裂

1. 主要问题及原因

(1)上一编组站违规编制调车作业计划,将禁止溜放的车辆进行溜放,造成货物转向架位移,导致货物转向架加固盘条断裂,是问题发生的直接原因。(依据《技规》第二百九十四条)

(2)上一编组站在出发场货检作业时,货检人员漏检问题车辆,是问题发生的重要原因。(依据《货检规》第二十三条)

2. 安全风险及隐患

(1)编组站违规编制调车作业计划,将禁止溜放的车辆进行溜放,存在调车安全风险。

(2)货检员漏检问题车辆,导致货物转向架加固盘条断裂车辆上线,存在重轨窜出隐患,危及行车安全。

3. 作业标准

(1)编组站严禁违规编制调车作业计划,严禁将禁止溜放的车辆进行溜放。(依据《技规》第二百九十四条)

(2)货检作业时,货检员认真检查货物装载加固状态,发现货物转向架加固盘条断裂,要甩车整理。(依据《货检规》第二十三条、第二十五条)

4. 应采取的处理措施

(1)中间站保留及甩挂作业的货物列车,发现货物转向架加固盘条断裂时,车站要及时处理。(依据《管规》第四十二条,《货检规》第六条)

(2)货检站检查发现货物转向架加固盘条断裂时,应甩车处理并按照规定拍发电报和编制普通记录。(依据《货检规》第二十三条、第二十五条,《管规》第四十四条)

十三、冷藏集装箱发生火灾

某货检站东场 11 道接 36001 次列车,货检员现场作业发现机后第 50 位集装箱专用平车(X_{6K}5253601)装载特四重一(自备箱),冷藏集装箱发生火灾,如图 3-25 所示。

图 3-25　冷藏集装箱发生火灾

1. 主要问题及原因

(1)托运人未使用状态良好的冷藏集装箱,因电路问题引发火灾,是问题发生的直接原因。(依据《箱规》第十九条)

(2)物流中心或货运站段未根据冷藏集装箱结构特性,从安全基础管理入手科学识别、研判安全风险点,是问题发生的重要原因。[依据《铁路货运安全管理规则》(铁货〔2024〕58 号)第三十条]

2. 安全风险及隐患

(1)货运员对自备冷藏集装箱使用前,未认真检查技术状态,使用状态不良的冷藏集装箱,存在行车安全风险。

(2)冷藏集装箱有电路问题,存在火灾隐患,危及行车安全。

3. 作业标准

(1)托运人应使用状态良好的冷藏集装箱。(依据《箱规》第十九条)

(2)物流中心或货运站段应根据冷藏集装箱结构特性,从安全基础管理入手,科学识别、研判安全风险点,制定风险控制措施,方便现场货运人员执行。(依据《铁路货运安全管理规则》第三十条)

4. 应采取的处理措施

装车站、中间站、货检站发生冷藏箱火灾事故时,应立即启动“铁路火灾事故应急处置预案”,并报告属地消防应急救援部门进行灭火。

十四、集装箱角件未入锁头

2023 年 10 月 25 日,甲货检站监控室货检员于 22 时 11 分视频检查完毕 17001 次列车,出发场货检员于 22 时 20 分检查完毕 17001 次列车,该列车于 23 时 55 分在甲站发出。2023 年 10 月 26 日 6 时 11 分,乙货检站五场 11 道接 17001 次,监控室货检员视频检查发现机后第 15 位集装箱专用平车(X_{4K}5700379)装载 2 只 35 t 空集装箱,箱号 TBJU1888078 的集装箱前端有一角件未入锁头,如图 3-26 所示,通知现场货检员进行核实,确认集装箱角件未入锁头,如图 3-27 所示。

图 3-26　视频监控显示集装箱角件未入锁头

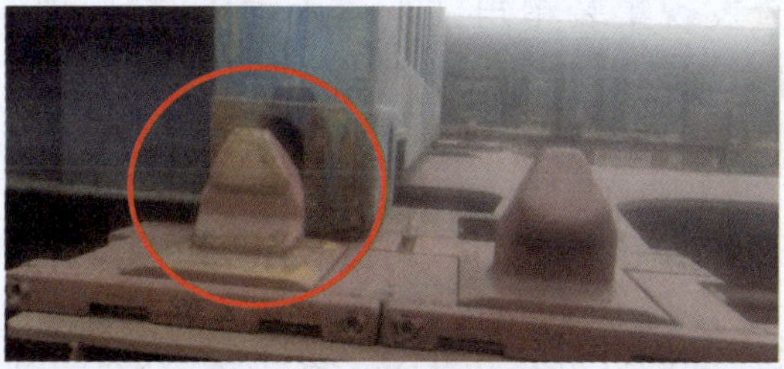

图 3-27　现场确认集装箱角件未入锁头

1. 主要问题及原因

(1)装车站集装箱专用门式起重机辅助作业人员现场指挥集装箱装车、检查不到位,是问题发生的直接原因。(依据《装卸安技规》第一百三十六条)

(2)装车站货运员和甲货检站监控室及出发场货检员未认真落实“装车后须确认锁头完全入位”之规定,是问题发生的重要原因。(依据《箱规》第四十七条)

2. 安全风险及隐患

(1)集装箱作业人员不认真作业,可能会发生集装箱角件未落锁,集装箱偏移超限,刮打邻线机车车辆、行车设备或建筑物,为行车安全埋下隐患。

(2)集装箱角件未落锁,在列车运行过程中存在集装箱倾斜,甚至脱离车辆隐患,严重危及行车安全。

3. 作业标准

(1)装车站集装箱专用门式起重机辅助作业人员,要认真指挥集装箱装车,装车后要检查集装箱角件完全落锁。(依据《装卸安技规》第一百三十六条)

(2)装车站货运员和甲货检站监控室及出发场货检员要认真落实“装车后须确认锁头完全入位”的规定。(依据《箱规》第四十七条)

4. 应采取的处理措施

(1)装车站货运员检查发现集装箱角件未落入锁头时,应组织集装箱专用门式起重机司机和辅助作业人员重新作业,作业后确认集装箱角件完全落入锁头。(依据《箱规》第四十七条,《装卸安技规》第一百三十六条)

(2)中间站保留及甩挂作业的货物列车,发现集装箱角件未落入锁头时,车站要及时处理。(依据《管规》第四十二条,《货检规》第六条)

(3)货检站检查发现集装箱角件未落入锁头时,应甩车处理并按照规定拍发电报和编制普通记录。(依据《货检规》第二十三条、第二十五条,《管规》第四十四条)

十五、装载 25 m 钢轨加固问题

转向架的上架体加固环焊接不牢、断裂,盘条从加固环中脱出,如图 3-28 所示;钢轨端部拉牵盘条股数不符合规定,如图 3-29 所示。

图 3-28　转向架上架体加固环焊接不牢、断裂，盘条从加固环中脱出

图 3-29　钢轨端部拉牵盘条股数不符合规定

1. 主要问题及原因

(1)装载 25 m 钢轨时，货物转向架上架体的加固环焊接不牢，出现开焊迹象，装车作业人员未按规定检查，同时加固环在列车运行中受到外力作用，加剧了加固环断开，并导致整体下压捆绑盘条和端部拉牵盘条从加固环中脱出，导致问题发生。(依据《货规》第四十八条、《专用线管理办法》第二十七条)

(2)装载 25 m 钢轨时，在第二、三、四层钢轨两端，应各用盘条 4 股穿过安插的 3 个 U 形夹加固环，倒八字拉牵捆绑在货物转向架上架体的加固环上。装车作业人员实际采用盘条 3 股，并将第二、三层的端部拉牵在车辆侧

部进行了联结，违反《方案》中编号 070403 加固要求，导致问题发生。

(3)装车站货运员在接收车辆时，未执行交接检查制度，造成问题车辆上线运行，是问题发生的重要原因。（依据《管规》第十六条，《专用线管理办法》第三十二条）

2. 安全风险及隐患

(1)装车单位未考虑货物转向架上架体加固环焊接不牢可能会开焊，造成整体下压捆绑盘条和端部拉牵盘条从加固环中脱出，进而造成钢轨窜出，危及行车安全。

(2)装载 25 m 钢轨时，在第二、三、四层钢轨两端拦护盘条股数不够，易导致盘条折断，造成钢轨窜出与前端车辆发生接触，导致列车通过曲线或道岔时易发生脱轨或颠覆，存在行车安全隐患。

3. 作业标准

(1)认真执行《方案》中编号 070403 25 m 钢轨装载加固方案，选用符合规定的车辆和加固装置及材料。

(2)应选用同型号平车，两车车地板高度之差不得大于 20 mm。[依据《方案》编号 070403 25 m 钢轨(Ⅰ)]

(3)企业运输员负责监装，发现问题后及时指正，并要求整改。（依据《专用线管理办法》第二十七条）

(4)装载加固完毕后，货运人员按照规定进行交接检查，符合规定后允许编入列车，若不符合则要求重新加固整理，直至符合规定。（依据《货规》第四十八条，《管规》第十六条，《专用线管理办法》第三十一条、第三十二条）

4. 应采取的处理措施

(1)中间站保留及甩挂作业的货物列车，发现加固环开焊、断开和盘条从加固环中脱出时，应通知铁路局集团公司调度，及时进行处理。（依据《管规》第四十二条，《货检规》第六条）

(2)货检站检查发现上述问题时应甩车整理，按规定编制记录和拍发电报通知有关单位。（依据《货检规》第二十三条、第二十五条）

十六、挡木使用未起到实际作用

平车装载大件货物时，挡木未起到掩紧货件作用，如图 3-30 所示；挡木规格不符合要求，扒锔钉数量不足，联结强度不足发生翻倒，如图 3-31 所示。

图 3-30 挡木规格不符合规定未起到掩紧作用

图 3-31 挡木联结强度不足发生翻倒

1. 主要问题及原因

(1)装载履带式货物时，在履带前后应放置方木或挡木掩紧钉固，而装车单位违反规定，未使用标准的挡木，造成挡木未起到掩紧货物的作用，导致问题发生。(依据《加规》附件 5)

(2)装车单位违反规定，使用不符合规定的挡木，扒锔钉未采用八字形钉固且数量不足，在列车运行中，造成挡木被拔起翻倒，导致问题发生。(依据《加规》附件 5)

(3)专用线货运人员在交接检查车辆时,未严格执行交接检查制度,造成问题车被编入列车,发生上述问题,严重危及行车安全,是问题发生的重要原因。(依据《货规》第四十八条,《管规》第十六条,《专用线管理办法》第三十一条、第三十二条)

2. 安全风险及隐患

(1)使用不符合规定的挡木以及扒锔钉未按规定钉固时,可能发生加固材料移动或翻倒等情况,条件耦合时,将造成货物脱落,击打邻线机车车辆、行车设备、线路作业人员,也可能发生列车脱轨或颠覆等事故,存在安全风险。

(2)挡木规格不符合规定以及钉固不牢,在列车运行中,挡木在外力的作用下,会发生移动、翻倒,导致扒锔钉被拔起,货物易发生移动、超限,刮打邻线机车车辆、行车设备或建筑物,为行车安全埋下隐患。

3. 作业标准

(1)装车单位严格执行《方案》进行装车。

(2)作业时,挡木不应过高,以免受力翻倒。(依据《加规》附件5)

(3)钉固扒锔钉时,应避免钉在木质加固材料同一横纹上,同时避开车地板的缝隙或木板裂纹;扒锔钉应钉固成八字形,以增强其稳定性。(依据《加规》附件5)

(4)企业运输员应进行检查指导,发现问题后及时指正,并要求整改。(依据《专用线管理办法》第二十七条)

(5)装载加固完毕后,货运人员应按照规定进行交接检查,发现问题时,通知托运人重新加固整理,符合规定后允许挂车。(依据《货规》第四十八条,《专用线管理办法》第三十一条、第三十二条,《管规》第十六条)

4. 应采取的处理措施

(1)中间站保留及甩挂作业的货物列车,发现加固材料不符合规定、挡木翻倒以及扒锔钉拔起时,应通知铁路局集团公司调度,及时进行处理。(依据《管规》第四十二条,《货检规》第六条)

(2)货检站检查发现上述问题时,能在列整理的及时在列整理,不能在列整理的及时甩车整理,按规定拍发电报通知有关单位。(依据《货检规》第二十三条、第二十五条)

十七、预应力梁重心未落在车辆纵中心线上

平车装载预应力梁，货物重心线应与车地板纵中心线垂直，如图 3-32 所示。货物重心未落在车辆纵中心线上，超过规定范围时易发生行车事故，如图 3-33 所示。

图 3-32 货物重心线应与车地板纵中心线垂直

图 3-33 货物重心线未落在车辆纵中心线上

1. 主要问题及原因

(1)装车作业人员未按《方案》规定装载预应力梁，造成预应力梁横向位移超过允许范围，导致问题发生。(依据《加规》第十二条)

(2)对重点货物,集团公司货运主管部门主管人员和站段装载加固专业技术人员未进行有效现场指导,是问题发生的主要原因。[依据《加规》第五条,《铁路超限超重货物运输规则》(铁总运〔2016〕260 号,以下简称《超规》)附件 8]

(3)专用线货运人员在交接检查车辆时,未严格执行交接检查制度,造成问题车被编入列车,是问题发生的重要原因。(依据《货规》第四十八条,《管规》第十六条,《专用线管理办法》第三十一条、第三十二条)

2. 安全风险及隐患

(1)装车单位对超限货物装载不符合规定,可能造成偏载或偏重,条件耦合时会将车辆旁承游间压死,列车在经过曲线运行时易发生脱轨或颠覆等行车事故,存在行车安全风险。

(2)货物偏载,列车运行中易出现车辆倾斜、燃轴,货件脱落,列车脱轨或颠覆,存在行车安全隐患。

3. 作业标准

(1)认真执行《方案》预应力梁装载加固规定。

(2)装车后核定超限等级和重车重心高,并按《加规》《超规》等有关规定办理。(依据《超规》第二十八条,《加规》第十三条)

(3)横向位移不超过 20 mm,32.6 m 预应力梁纵向窜动不超过 250 mm、24.6 m 及以下梁纵向窜动不超过 150 mm 或横向位移不超过 20 mm 时,可以继续运行。(依据《加规》第六十条)

(4)斜支撑产生纵向倾斜时,必须进行整理。(依据《加规》第六十条)

4. 应采取的处理措施

(1)中间站保留及甩挂作业的货物列车,发现预应力梁横向位移超过规定时,应通知铁路局集团公司调度,及时进行处理。(依据《管规》第四十二条,《货检规》第六条)

(2)货检站检查发现上述问题时,应及时甩车整理,按规定拍发电报通知有关单位。(依据《货检规》第二十三条、第二十五条)

十八、集装箱上挂有绳子

2024 年 5 月 14 日 16 时 50 分,乙站报告,79557 次列车运行至区间,接触网工反映一车集装箱上挂有绳子。区间停车后经司机检查发现，机后 33 位平车（X_{70}5225404，发站：甲站）所装集装箱外侧挂有约 3 m 长的绳索，绳索来源不明，如图 3-34 所示。5 月 14 日 9 时 44 分途经丙站时有货检作业，回放视频时能看到集装箱上挂有绳索，但视频监控人员和现场货检人员均未发现。

图 3-34　集装箱上挂有绳子

1. 主要问题及原因

（1）集装箱在装车前，装车站作业人员未对箱顶杂物进行清理，导致问题车上线运行。（依据《箱规》第四十七条）

（2）丙货检站视频监控人员和现场货检人员未执行作业标准，是问题发生的重要原因。（依据《货检规》第二十三条、第二十五条）

2. 安全风险及隐患

（1）作业人员未按规定将集装箱上的绳子进行清理，绳子可能被刮起，容易击打邻线机车车辆或线路作业人员，存在行车安全隐患。

（2）集装箱上若有绳子，在电气化铁路区段，飘起的绳子易挂上接触网，导致接触网停电或损伤机车受电弓，影响列车运行安全，存在行车安全隐患。

3. 作业标准

集装箱在装车前，装车站作业人员要对箱顶杂物进行清理，符合规定后装车。（依据《箱规》第四十七条）

4. 应采取的处理措施

（1）中间站保留及甩挂作业的货物列车，发现集装箱上有绳子时，应通

知铁路局集团公司调度,及时进行处理。(依据《管规》第四十二条,《货检规》第六条)

(2)货检站检查发现集装箱上有绳子时,应及时组织在列整理,无法在列整理时应甩车整理,同时按规定拍发电报通知有关单位。(依据《货检规》第二十三条、第二十五条)

十九、敞顶箱篷布绳索松脱

2023 年 12 月 5 日,A 局集团公司××线甲站报告,86936 次列车尾前 15 位车辆(X_{70}5233277)后端的敞顶箱(TBJU1158505)篷布绳索松脱,如图 3-35 所示,后拦停在区间处理。现场查看篷布左侧绳索全部松脱,篷布左半部分已滑入集装箱内。

图 3-35 敞顶箱篷布绳索松脱

1. 主要问题及原因

(1)卸车单位在卸完敞顶箱后,未认真执行敞顶箱篷布绳索捆绑标准,导致问题车辆上线运行。

(2)货运员未按规定进行交接检查,对敞顶箱篷布绳索捆绑未进行重点检查是问题发生的主要原因。(依据《货检规》第二十三条)

2. 安全风险及隐患

(1)卸车单位卸箱后不按规定对敞顶箱篷布绳索进行捆绑,可能造成篷布松脱,在条件耦合时,敞顶箱篷布可能滑入运行的车轮下,导致列车脱轨或颠覆等行车事故,存在行车安全风险。

(2)在电气化铁路区段,敞顶箱篷布松脱,导致敞顶箱篷布飘起,会刮断接触网或刮伤机车受电弓,造成停电影响列车运行安全,存在行车安全隐患。

3. 作业标准

(1)卸车单位在卸完敞顶箱后，认真执行敞顶箱篷布绳索捆绑标准，确保符合标准。

(2)货运员在交接检查时，对敞顶箱篷布绳索捆绑进行重点检查，发现不符合时，组织作业人员重新按规定捆绑绳索，直至符合要求。

4. 应采取的处理措施

(1)中间站保留及甩挂作业的货物列车，发现敞顶箱篷布松脱滑入集装箱时，应通知铁路局集团公司调度，及时进行处理。(依据《管规》第四十二条，《货检规》第六条)

(2)货检站检查发现敞顶箱篷布松脱滑入集装箱时，应甩车整理，并按规定拍发电报通知有关单位。(依据《货检规》第二十三条、第二十五条)

二十、液袋货物泄漏

2023 年 5 月 18 日 0 时 35 分，X12638 次列车运行至乙站，货检人员现场检查发现机后 15 位平车(X_{70}5225343，发站：甲站，品名：其他饮料)装载的集装箱箱底有液体泄漏，如图 3-36 所示，后甩车处理。12 时 18 分，X12640 次列车运行至乙站，货检人员现场检查发现机后 33 位(X_{70}5225821，发站：甲站，品名：其他饮料)集装箱箱底也有液体泄漏，如图 3-37 所示，后甩车处理。

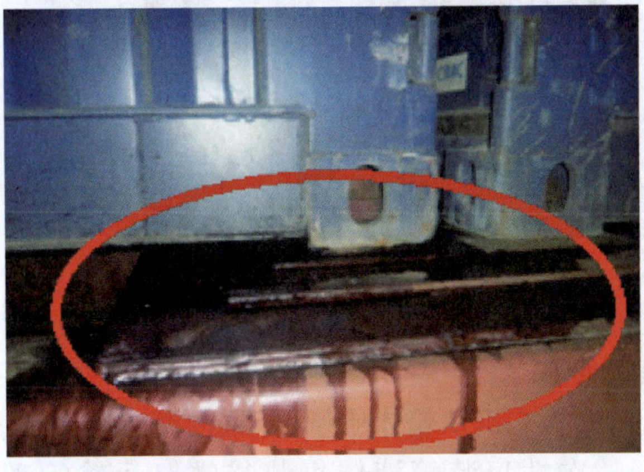

图 3-36 集装箱箱底有液体泄漏 1

图 3-37　集装箱箱底有液体泄漏 2

以上两车集装箱内均为使用液袋装运的葡萄汁，如图 3-38 所示。

图 3-38　集装箱装载的液袋货物

1. 主要问题及原因

(1)托运人选箱时，未确认箱体质量，导致内壁有毛刺，刺破液袋，造成问题发生。[依据《一次性集装箱液体集装袋铁路运输管理办法》(货联函〔2019〕27 号)第十一条]

(2)发站货运员未按规定对液袋货物进行检查，未及时发现存在的隐患，是造成问题的重要原因。(依据《箱规》第三十一条、第四十四条)

2. 安全风险及隐患

(1)作业人员如不按规定作业，可能发生液袋泄漏，易造成车辆偏重，如条件耦合将发生列车脱轨或颠覆等行车事故，存在行车安全风险。

(2)一箱液袋泄漏，导致车辆装载另一箱发生偏重，当偏重严重时，偏重方车辆倾斜旁承压死，列车通过曲线或道岔存在列车脱轨或颠覆的安全隐患。

3. 作业标准

(1)装运液袋的集装箱，必须技术状况良好。箱壁外侧无明显变形及修补焊缝，内壁光滑无毛刺，箱门配件完好，开关自如。托运人负责选箱工作，确认箱体质量满足液袋运输要求。(依据《一次性集装箱液体集装袋铁路运输管理办法》第十一条)

(2)发站货运员按规定进行交接检查，发现不符合规定时，及时组织作业人员进行整理，符合规定后允许编入列车。(依据《箱规》第三十一条、第四十四条)

4. 应采取的处理措施

(1)中间站保留及甩挂作业的货物列车，发现集装箱内有液体泄漏时，应通知铁路局集团公司调度，及时进行处理。(依据《管规》第四十二条，《货检规》第六条)

(2)货检站检查发现集装箱内有液体泄漏时，应及时甩车整理，同时按规定拍发电报通知有关单位。(依据《货检规》第二十三条、第二十五条)

二十一、货物偏重甩车耽误列车

2024 年 3 月 14 日 5 时 42 分，40010 次列车运行至××线甲站通过时，TPDS 报机次第 8 位车辆 X_{70}5225981 一级偏重“前 19.23 t”，调度布置乙站停车检查。5 时 58 分，40010 次到达乙站，值班员王某通知值班站长、货列检、货运等相关单位人员到场检查。8 时 07 分，乙站货运值班员反映该车疑似偏重，具体情况需送货物线确认。8 时 20 分，乙站列检汇报车辆无问题，运行无限制条件。8 时 51 分，偏重车辆甩至乙站货 2 道，9 时 10 分调车作业完毕，

9 时 49 分，40010 次乙站开车，耽误本列 3 h 51 min。

开箱后检查：集装箱（TBJU4161457）箱内有残留货物，如图 3-39 所示，层高 35 cm。组织将该箱落地卸空，经装载机电子秤过磅，残留货物总重 5.35 t。

图 3-39　集装箱内残货

1. 主要问题及原因

(1)卸车单位××有限公司未将集装箱（TBJU4161457）卸净，留存较多残货在集装箱内的情况下，未确认集装箱是否完全掏空就盲目关闭箱门，致使未完全卸空的集装箱当作空箱送回发站货场，导致问题发生。（依据《箱规》第三十四条）

(2)车站货运员检查不到位，接收交回的空集装箱时，仅对箱号和箱体外状进行了交接检查，没有开箱检查货物卸空情况，是问题发生的重要原因。（依据《箱规》第三十四条）

2. 安全风险及隐患

(1)收货人如不严格执行掏箱规定，可能造成集装箱卸不干净，导致车辆偏载或偏重，如条件耦合极容易发生列车脱轨或颠覆等行车事故，存在安全风险。

(2)集装箱内货物未卸干净，导致车辆严重偏重，偏重方车辆倾斜旁承压死，列车通过曲线或道岔存在列车脱轨或颠覆的安全隐患。

3. 作业标准

(1)托运人自行掏箱应认真执行相关规定，将箱卸空及清扫干净，不得简化作业标准。（依据《箱规》第三十四条）

(2)车站应对交回的铁路箱空箱进行检查,发现未清扫或未洗刷的,应在清扫或洗刷干净后接收。(依据《箱规》第三十四条)

4. 应采取的处理措施

配有货运计量系统的货检站要认真执行监控,发现报警时,按规定处理,并拍发电报通知有关单位。(依据《货检规》第二十三条、第二十五条,《量规》第五十七条、第五十八条)

二十二、集装箱底部破损甩车

2023年5月12日19时12分,A局集团公司××线42509次货物列车到达丙站,丙车辆段运用车间二班动态检车员进行列车TFDS检测作业发现,机后第22位车辆集装箱箱体底部破损,立即通知室外检车员到现场确认;经检查发现,机后第22位车辆(X_{6K}5221144,发站:甲站,到站:乙站,集装箱:TBJU3763151,品名:铁块)装载的集装箱底部有破损,可能影响行车。20时50分,车站及货运部门鉴定该车无法继续运行须甩车处理,21时20分甩车完毕,故障车辆扣停丙站,如图3-40~图3-42所示。

图3-40 丙站TFDS检测集装箱底部破损

1. 主要问题及原因

(1)车站未提供良好的集装箱,同时托运人未按标准检查集装箱箱体状况,导致问题发生。(依据《箱规》第十九条)

(2)车站货运人员在接收集装箱时未执行检查作业标准,是问题发生的

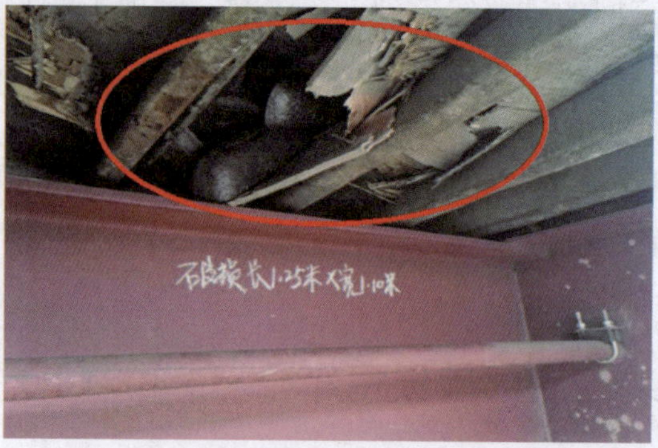

图 3-41　集装箱底部破损宽 1.1 m

图 3-42　集装箱底部破损长 1.25 m

重要原因。(依据《箱规》第三十条)

2. 安全风险及隐患

(1)托运人使用状态不良的集装箱,可能会发生集装箱破损,造成货物撒漏,如条件耦合可能发生列车脱轨或颠覆等行车事故,存在行车安全风险。

(2)集装箱底部破损会导致货物撒漏,当列车运行时,撒漏货物容易击打邻线机车车辆或线路作业人员,存在行车安全隐患。

3. 作业标准

(1)车站在配送集装箱前,应对箱体进行检查,发现不符合要求时,按规定向集装箱调度报告,配送符合要求的集装箱给托运人。(依据《箱规》第十九条)

(2)托运人应认真执行规定，对集装箱状况进行检查，发现集装箱箱体状况不良时，要求车站予以更换。(依据《箱规》第十九条)

(3)车站在接收集装箱时，按规定进行检查，发现箱体损坏危及货物和运输安全的不得接收。(依据《箱规》第三十条)

4. 应采取的处理措施

(1)中间站保留及甩挂作业的货物列车，发现集装箱底部破损，货物撒漏时，应通知铁路局集团公司调度，及时进行处理。(依据《管规》第四十二条，《货检规》第六条)

(2)货检站接到列检人员的通知，告知重集装箱底部有破损时，车站货检人员应及时到现场进行确认，将集装箱破损情况通知调度，及时甩车处理，并按规定编制记录和拍发电报通知有关单位。(依据《货检规》第二十三条、第二十五条、第三十八条)

二十三、集装箱底部角件未落入车辆锁头

2024 年 10 月 9 日 8 时 08 分，79930 次列车丙站计划开，7 时 46 分丙站值班员报告机次第 9 位(X_{70}5232941，发站：甲站，到站：乙站，品名：集装箱)货检甩车，原因是集装箱底部角件未落入车辆锁头，如图 3-43～图 3-45 所示，甩车后 9 时 12 分开车，影响本列 64 min。

图 3-43　问题集装箱

1. 主要问题及原因

(1)甲站正面吊辅助作业人员现场指挥集装箱装车、检查不到位，导致问题发生。(依据《装卸安技规》第一百三十六条)

(2)甲站正面吊司机未认真落实作业标准，作业中盲目图快、简化程序，

图 3-44　运行方向左侧集装箱底部角件未落入车辆锁头

图 3-45　运行方向右侧集装箱底部角件未落入车辆锁头

是问题发生的重要原因。(依据《装卸安技规》第一百三十六条)

(3)车站货运员未认真执行检查制度,装车完毕后未对集装箱底部角件落锁情况进行确认,也是问题发生的原因之一。(依据《箱规》第四十七条)

2. 安全风险及隐患

(1)集装箱作业人员不认真作业,可能会出现集装箱未落锁情况,条件耦合时将会发生集装箱脱落,容易造成列车脱轨或颠覆等行车事故,存在行车安全风险。

(2)集装箱未落锁,易导致集装箱偏移超限,击打邻线机车车辆、建筑物或作业人员,存在行车安全隐患。

3. 作业标准

(1)装箱单位应认真执行规定,辅助人员正确指挥吊装。正面吊司机要听从指挥,杜绝违章作业。辅助人员应对落锁情况进行确认,不符合规定时,

立即进行整理，直至符合规定。（依据《装卸安技规》第一百三十六条）

（2）车站货运员应认真执行检查制度，装车完毕后要对集装箱底部角件落锁情况进行确认，确保落锁有效。（依据《箱规》第四十七条）

4. 应采取的处理措施

（1）中间站保留及甩挂作业的货物列车，发现集装箱未落入锁头时，应通知铁路局集团公司调度，及时进行处理。（依据《管规》第四十二条，《货检规》第六条）

（2）配有视频监控系统的货检站要认真执行安全监控和现场检查规定，发现集装箱未落锁时，应甩车整理，并按规定拍发电报通知有关单位。（依据《货检规》第二十三条、第二十五条）

二十四、国际联运箱发生严重偏载

［**案例 3-1**］ 甲站装运的自四重 1 为海关监管的国际联运箱，途经乙站严重偏载 152 mm，报警后甩车处理。后与甲站海关和甲站货运人员共同开箱检查，发现箱内重质货物共计 12.2 t 装于集装箱一侧，轻浮货物共计 6.3 t 装于另一侧且与箱侧墙有 900 mm 的间隙，并且疑似途中箱内货物装载状态发生变化，造成严重偏载，如图 3-46 所示。

图 3-46 甲站装运的国际联运箱严重偏载 1

[案例 3-2] 甲站装运的自四重 1 为海关监管的国际联运箱,途中箱内货物装载状态发生变化,途经乙站超偏载检测严重偏载 169 mm,报警后甩车,会同海关人员和货代公司等共同处理,如图 3-47 所示。

图 3-47 甲站装运的国际联运箱严重偏载 2

1. 主要问题及原因

(1)发货人在装箱作业时违反规定,未做好“保证货物完好及运输安全”,导致问题发生。[依据《国际铁路货物联运协定》(以下简称《国际货协》)附件第 1 号《货物运送规则》15.6]

(2)承运人未行使职权检查发货人运送条件,是问题发生的重要原因。(依据《国际货协》第二十三条)

2. 安全风险及隐患

(1)集装箱内的货物因装载加固不良,可能发生货物位移,造成偏载或偏重,条件耦合时可能发生列车脱轨或颠覆,存在安全风险。

(2)车辆发生严重偏载,在列车运行中,偏载方车辆倾斜旁承压死,列车通过曲线或道岔时,存在列车脱轨或颠覆的安全隐患。

3. 作业标准

(1)发货人在装箱作业时,应按规定做好保证货物完好及运输安全工作,确保装载加固符合规定。(依据《国际货协》附件第 1 号《货物运送规则》15.6)

(2)承运人应行使职权检查发货人运送条件，发生问题及时处理，符合规定方可允许挂运。(依据《国际货协》第二十三条)

4. 应采取的处理措施

(1)配有货运计量系统的货检站，当检测发现国际联运集装箱装载的货物有超偏载报警时应甩车处理，按规定拍发电报通知中欧班列客服中心，抄送国铁集团货运部，所属铁路局集团公司运输、调度、货运部门。[依据《货检规》第二十三条、第二十五条，《量规》第五十七条、第五十八条，《中欧班列运输组织障碍信息反馈和处置暂行办法》(铁总办货〔2019〕49 号)第八条]

(2)铁路局集团公司应组织事发货检站及时消除运输障碍，集装箱公司配合做好相关工作；对甩下的车辆，车站组织相关单位力争在 48 h 内处理完毕继运。障碍消除后，车站应拍发电报通知中欧班列客服中心及相关部门，形成信息闭环。[依据《中国铁路总公司关于加强中欧班列安全管理工作的通知》(铁总运〔2017〕230 号)，《中欧班列运输组织障碍信息反馈和处置暂行办法》(铁总办货〔2019〕49 号)第十一条，《中国铁路总公司货运部关于2019 年 2 月货运安全情况的通报》(货管函〔2019〕13 号)]

二十五、短尺钢轨两端距离车辆端部不一致造成偏重

2021 年 3 月，甲站平车(N_{17AK}5067077)装运的 25 m 钢轨，因钢轨两端距离车辆端部的距离明显不一致，且一端钢轨上层装运的是短尺轨，造成偏重，如图 3-48 所示。

图 3-48　钢轨装载不符合规定发生偏重

1. 主要问题及原因

(1)装车单位未按《方案》进行装载,将短尺钢轨装载在一端,而未装载在上层中部,导致问题车辆上线运行。

(2)专用线货运员未按规定进行交接检查,导致偏重车辆上线运行是问题发生的重要原因。(依据《加规》第四条,《管规》第十六条,《专用线管理办法》第三十二条)

2. 安全风险及隐患

(1)装车单位不按方案排摆钢轨和加固,可能会发生车辆装载偏重,导致部分轴重超负荷,容易产生燃轴情况,如条件耦合可能发生列车脱轨或颠覆等行车事故,存在行车安全风险。

(2)车辆装载钢轨偏重,车辆一端旁承容易压死,当列车通过曲线或道岔时,存在列车脱轨或颠覆的安全隐患。

3. 作业标准

(1)装车单位认真执行《加规》和钢轨装载加固方案,使货物均衡、稳定、合理地分布在货车上,不超载,不偏载,不偏重,不集重;能够经受正常调车作业以及列车运行中所产生各种力的作用,在运输全过程中,不发生移动和倒塌。(依据《加规》第四条)

(2)专用线货运员按规定进行交接检查,发现未按规定进行装载时,及时组织装车单位进行整理,符合规定后允许编入列车。(依据《加规》第四条,《管规》第十六条,《专用线管理办法》第三十二条)

4. 应采取的处理措施

配有货运计量系统的货检站发现钢轨车辆报警时,应按规定处理,拍发电报通知有关单位。(依据《货检规》第二十三条、第二十五条,《量规》第五十七条、第五十八条)

二十六、黄磷未卸净造成途中车地板冒烟着火

2020 年 2 月 9 日,甲站平车(NX_{70A}5488892)装运的空黄磷罐式集装箱,运输途中车地板冒烟着火(车地板下部烧痕尺寸约 12 cm×19 cm、车地板上部烧痕尺寸约 12 cm×13 cm),如图 3-49 所示。

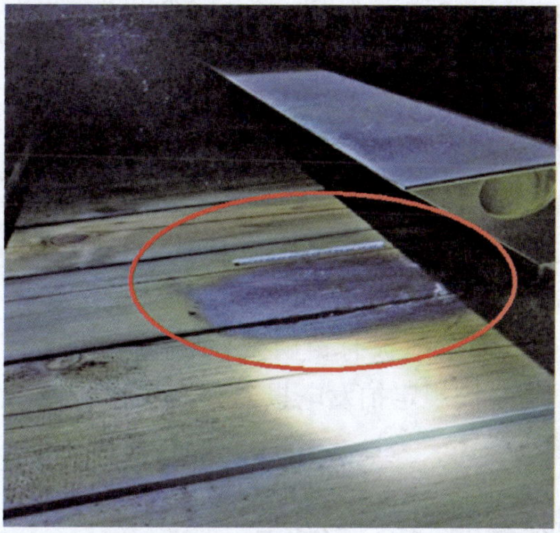

图 3-49　黄磷未卸净造成途中车地板冒烟着火

1. 主要问题及原因

(1)托运人在卸黄磷罐式集装箱时，气温低造成黄磷残留凝结在内置溢流管壁上，运输途中随着溢流管中残液的水分蒸发落在车地板上，造成黄磷与空气接触氧化自燃，发生冒烟着火问题。[依据《20 英尺非标罐式集装箱装运黄磷安全运输条件》(运营货管函〔2016〕319 号)三、黄磷充装及接卸作业]

(2)托运人未冲洗干净罐式集装箱内置溢流管壁，导致黄磷残留凝结是问题发生的主要原因。(依据《20 英尺非标罐式集装箱装运黄磷安全运输条件》三、黄磷充装及接卸作业)

2. 安全风险及隐患

(1)黄磷是易于自燃的物质，燃点低，当与空气接触氧化会发生自燃。当黄磷罐式集装箱内置溢流管壁未冲洗干净，在条件耦合时，结晶的黄磷会掉落在车地板上可能引发火灾，存在火灾安全风险。

(2)残留的黄磷从罐式集装箱内置溢流管壁掉落在车地板上引发自燃，在列车运行中，条件耦合时，容易引起列车火灾，存在火灾安全隐患。

3. 作业标准

(1)托运人按规定对黄磷罐式集装箱内置溢流管壁冲洗干净。(依据《20 英尺非标罐式集装箱装运黄磷安全运输条件》三、黄磷充装及接卸作业)

(2)专用线货运员在交接检查时,重点检查卸后黄磷罐式集装箱外部和车地板是否有黄磷残留物,发现时组织托运人清理干净,符合规定后允许编入列车。(依据《管规》第十六条,《专用线管理办法》第三十一条)

4. 应采取的处理措施

(1)中间站保留及甩挂作业的货物列车,发现集装箱地板有火情时,应通知铁路局集团公司调度,及时进行处理。(依据《管规》第四十二条,《货检规》第六条)

(2)货检站检查发现车地板有黄磷残留物发生着火时,应及时采取灭火措施,并用水冲刷干净,按规定拍发电报通知有关单位。(依据《货检规》第二十三条、第二十五条)

二十七、货物上部包装板翘起

2023 年 6 月 14 日,A 局集团公司甲站平车(NX_{17BT}5281272)装运压缩机,货物外包装(镀锌钢板)铆钉固定不牢,运输途中货物上部包装板翘起,如图 3-50 所示。

图 3-50　货物上部包装板翘起

1. 主要问题及原因

(1)装车单位作业人员对货物外包装(镀锌钢板)铆钉钉固不牢,企业运输员未做好注意事项说明,导致问题发生。(依据《专用线管理办法》第二十七条)

(2)专用线货运员未按规定进行交接检查,是问题发生的重要原因。(依据《专用线管理办法》第三十一条、第三十二条,《管规》第十六条)

2. 安全风险及隐患

(1)如装车单位对货物外包装(镀锌钢板)铆钉钉固不牢,在列车运行中,铆钉受到各种力的作用,可能会失去钉固作用,当条件耦合时,可能造成镀锌钢板翘起或脱落,击打邻线机车车辆、行车设备、线路作业人员等,存在行车安全风险。

(2)如在电气化铁路区段,货物外包装(镀锌钢板)铆钉钉固不牢,发生翘起,翘起的镀锌钢板会刮碰接触网,导致接触网跳闸停电,影响列车运行,存在行车安全隐患。

3. 作业标准

(1)装车单位作业人员对货物外包装(镀锌钢板)铆钉钉固要牢,企业运输员要做好注意事项说明,确保包装钉固安全。(依据《专用线管理办法》第二十七条)

(2)专用线货运员应按规定进行检查,发现不符合规定时,组织装车单位作业人员重新按规定钉固,直至符合要求。(依据《专用线管理办法》第三十一条、第三十二条,《管规》第十六条)

4. 应采取的处理措施

(1)中间站保留及甩挂作业的货物列车,发现货物外包装(镀锌钢板)铆钉钉固不牢翘起时,应通知铁路局集团公司调度,及时进行处理。(依据《管规》第四十二条,《货检规》第六条)

(2)货检站检查发现货物外包装(镀锌钢板)铆钉钉固不牢翘起时,应甩车整理,并按规定拍发电报通知有关单位。(依据《货检规》第二十三条、第二十五条)

二十八、集装箱违反装车要求

2023 年 4 月 30 日甲站承运到乙站集装箱,平车 X_{4K}5700203 装载的两个重箱违反该车型装载要求,整体装于车辆一端,5 月 2 日经丙站超偏载检测发现偏重 20.2 t,如图 3-51 所示。

图 3-51　X_{4K} 型平车装载偏重

1. 主要问题及原因

(1)装车单位作业人员违反集装箱作业规定，导致问题发生。(依据《加规》第四条，《箱规》第五十条)

(2)发站货运员未按规定进行交接检查，是问题发生的重要原因。(依据《箱规》第五十条，《专用线管理办法》第三十二条，《管规》第十六条)

2. 安全风险及隐患

(1)装车单位作业人员未考虑 X_{4K} 型集装箱平车是按 3 个 20 英尺集装箱标准设计的，装车时还是按习惯作业装载，导致偏重，当条件耦合时，负重端车辆旁承压死，列车通过曲线或道岔时可能发生列车脱轨或颠覆等行车事故，存在行车安全风险。

(2)X_{4K} 型集装箱平车相邻两箱位装 2 个重集装箱、另一个为空箱位，导致车辆严重偏重，当条件耦合时，负重端车轴承重超负荷，容易引起燃轴事故，存在列车脱轨或颠覆的安全隐患。

3. 作业标准

(1)装车单位作业人员应严格执行 X_{4K} 型集装箱平车作业规定，确保不发生偏载、偏重或超载。(依据《加规》第四条，《箱规》第五十条)

(2)发站货运员应按规定进行交接检查，发现问题时及时组织作业人员进行处理，符合规定后允许编入列车。(依据《箱规》第五十条，《专用线管理办法》第三十二条，《管规》第十六条)

4. 应采取的处理措施

(1)中间站保留及甩挂作业的货物列车,发现 X_{4K} 型集装箱平车装载的集装箱未按规定装载时,应通知铁路局集团公司调度,及时进行处理。(依据《管规》第四十二条,《货检规》第六条)

(2)货检站检查发现 X_{4K} 型集装箱平车装载的集装箱未按规定装载时,应甩车整理,并按规定拍发电报通知有关单位。(依据《货检规》第二十三条、第二十五条)

二十九、敞顶集装箱箱门开启货物撒漏

2024 年 7 月 9 日甲站发乙站 35 t 敞顶箱(NX_{70A}5492417,品名:玉米),因运行途中敞顶箱箱门开放,造成货物撒漏,如图 3-52 所示。

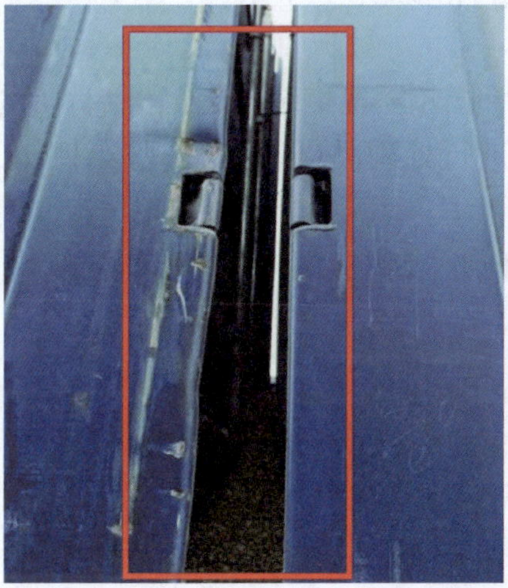

图 3-52 敞顶集装箱箱门开启货物撒漏

1. 主要问题及原因

(1)托运人组织装箱作业时,违反关闭箱门等规定,企业运输员未做好监装工作,导致问题发生。(依据《箱规》第二十四条,《专用线管理办法》第二十七条)

(2)发站货运员未按规定进行交接检查,是问题发生的重要原因。(依据《箱规》第三十条)

2. 安全风险及隐患

(1)托运人未有效组织装箱,可能造成箱门未有效关闭,将会导致箱门开启,造成货物撒漏,存在严重的货损安全风险。

(2)集装箱未有效关闭,将会发生箱门开启,货物撒漏,如是硬件货物,撒漏货物将击打邻线机车车辆、行车设备、线路作业人员,并存在列车脱轨或颠覆的安全隐患。

3. 作业标准

(1)托运人组织装箱作业时应按规定关闭箱门,企业运输员做好安全提示工作,确保关闭有效。(依据《箱规》第二十四条,《专用线管理办法》第二十七条)

(2)发站货运员应按规定进行交接检查,发现箱门未关闭时及时组织托运人进行处理,符合规定后接收。(依据《箱规》第三十条)

4. 应采取的处理措施

(1)中间站保留及甩挂作业的货物列车,发现集装箱箱门开启,货物撒漏时,应通知铁路局集团公司调度,及时进行处理。(依据《管规》第四十二条,《货检规》第六条)

(2)货检站检查发现集装箱箱门开启,货物撒漏时,应甩车整理,并按规定拍发电报通知有关单位。(依据《货检规》第二十三条、第二十五条)

第四章　其他类型铁路货车

罐车用来装运各种液体、液化气体和粉末状货物，粮食车用来装运玉米、小麦、大豆等散粒粮食，石砟漏斗车用来装运铁路新线铺设和旧线维修所用石砟等散粒货物，双层运输汽车专用车用来装运汽车，以上车辆在铁路货物运输中占有很重要的地位。然而在实际运用中，因承运人或作业人员未遵守装载加固相关规定，常会造成以下问题发生。

一、甲醇泄漏

2022 年 8 月 28 日，丙站出发货检发现机后第 23 位罐车（$GHA_{70}0550455$，发站：甲站，到站：乙站，品名：甲醇）发生泄漏，如图 4-1 所示，原因为自备车辆 2 位端罐体焊缝处漏泄。丙站按规定启动应急预案，使用强磁堵漏设备进行了处理并确认堵漏措施有效后放行。

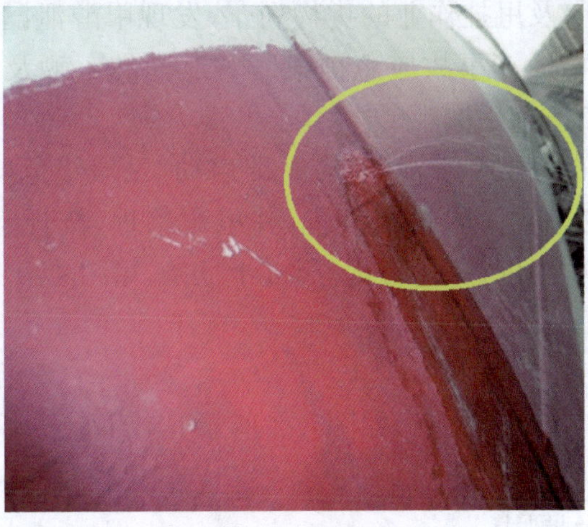

图 4-1　罐车泄漏

1. 主要问题及原因

（1）承运人未拨配状态良好的货车。装车前，托运人未对罐车进行检查，导致问题车辆上线运行。[依据《货规》第二十五条,《铁路危险货物运输管理规则》(铁总运〔2017〕164 号,以下简称《危规》)第八十四条]

(2)车站承运自备罐车时,未对车况和罐体密封情况进行检查,导致不良罐车上线运行,是问题发生的重要原因。(依据《危规》第七十九条)

2. 安全风险及隐患

(1)托运人使用技术状态不良的罐车装载易燃液体,可能造成货物泄漏,如条件耦合,会发生列车火灾或爆炸,存在行车安全风险。

(2)货运员未对装完罐车密封情况进行检查,导致不良罐车上线运行,发生罐内液体泄漏,造成货物损失。

3. 作业标准

(1)承运人应拨配状态良好的货车装运货物。(依据《货规》第二十五条)

(2)装车前,装车单位(托运人)应对罐车状态进行检查,发现不符合规定时,要求承运人更换车辆。(依据《货规》第二十五条,《危规》第八十四条)

(3)车站承运自备罐车时,要对车况进行检查,符合规定后方可办理运输。(依据《危规》第七十九条)

4. 应采取的处理措施

(1)中间站保留及甩挂作业的货物列车,发现甲醇泄漏时,车站应立即启动"站段级危险货物运输事故应急预案",对泄漏的车辆及时进行处理。(依据《管规》第四十二条,《货检规》第六条)

(2)货检站检查发现甲醇泄漏,应立即启动"站段级危险货物运输事故应急预案",对泄漏的车辆及时进行处理,并甩车整理,按规定编制记录和拍发电报通知有关单位。(依据《货检规》第二十三条、第二十五条)

二、罐车人孔盖问题

空罐车人孔盖开放未关闭,如图 4-2 所示;空罐车人孔盖螺栓未拧固,如图 4-3 所示。

1. 主要问题及原因

(1)卸车单位作业人员未按规定对卸后的空罐车人孔盖进行关闭,未对空罐车人孔盖螺栓进行拧固,导致上述问题发生。(依据《危规》第八十四条,《专用线管理办法》第三十条,《货规》第三十条)

图 4-2 空罐车人孔盖开放

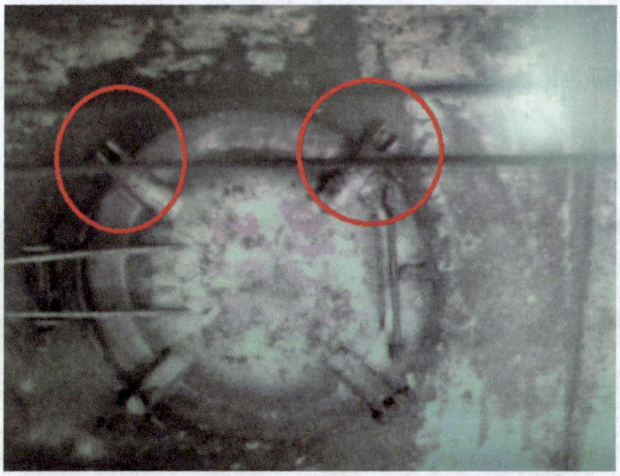

图 4-3 空罐车人孔盖螺栓未拧固

(2)专用线货运员未按规定进行交接检查,导致不良罐车上线运行,是问题发生的重要原因。(依据《管规》第十六条,《专用线管理办法》第三十一条)

2. 安全风险及隐患

(1)货运员未认真负责,卸车单位不按规定作业,可能发生罐车上盖张开、螺栓未拧固,易混入杂质,造成罐车污染,存在货物运输安全风险。

(2)当列车运行时,空罐车人孔盖开放或空罐车人孔盖螺栓未拧固,易导致罐车上盖、螺栓脱落,击打邻线机车车辆、行车设备、线路作业人员,或击打旅客列车玻璃,伤及旅客,存在行车安全隐患。

3. 作业标准

(1)卸车单位作业人员应按规定对卸后的空罐车人孔盖进行关闭和拧固。

（依据《危规》第八十四条，《专用线管理办法》第三十条，《货规》第三十条）

（2）专用线货运员应按规定进行交接检查，发现问题时及时组织作业人员处理，符合规定后允许编入列车。（依据《管规》十六条，《专用线管理办法》第三十一条）

4. 应采取的处理措施

（1）在发站和中途站发现空罐车上盖张开，要及时关闭。（依据《管规》第三十三条）

（2）配有视频监控系统的货检站发现空罐车人孔盖开放或人孔盖螺栓未拧固，应在列或甩车整理，并按规定拍发电报通知有关单位。（依据《货检规》第二十三条、第二十五条）

三、罐车走行部有钢管

罐车走行部有 2 m 左右钢管，如图 4-4 所示。

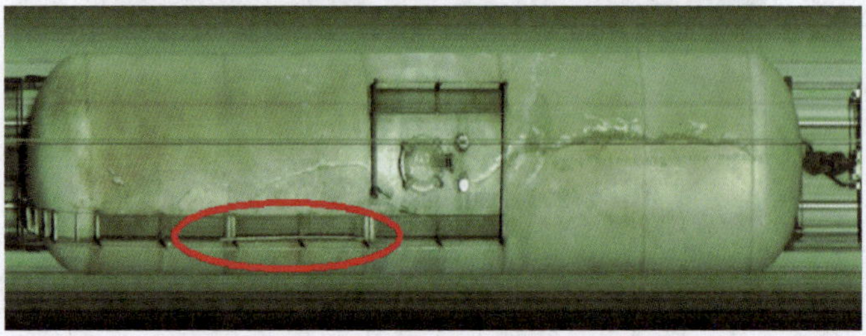

图 4-4　罐车走行部有 2 m 左右钢管

1. 主要问题及原因

（1）卸车时，企业运输员未向卸车作业人员说明卸车注意事项，未提示卸车重点。卸车后，未对罐车走行部进行检查和清理，导致问题发生。（依据《专用线管理办法》第二十九条、第三十条，《货规》第三十条）

（2）专用线货运员未按规定进行交接检查，造成卸车后罐车走行部有钢管未清理，是问题发生的重要原因。（依据《管规》第十六条，《专用线管理办法》第三十一条）

2. 安全风险及隐患

（1）卸车单位不按规定清理车辆上的杂物，在列车运行中，可能发生杂物脱落，击打邻线旅客列车玻璃，伤及旅客人员生命和财产，存在行车安全风险。

(2)罐车顶部有 2 m 左右钢管，在列车运行中钢管易脱落，击打邻线机车车辆、行车设备、线路作业人员，存在行车安全隐患。

3. 作业标准

(1)卸车时，企业运输员要向卸车作业人员说明卸车注意事项、提示卸车重点。卸车后，要对罐车走行部、通过台和车体外部进行检查和清理，确保无杂物。(依据《专用线管理办法》第二十九条、第三十条，《货规》第三十条)

(2)专用线货运员应按规定进行交接检查，发现罐车顶部有杂物时及时组织清理，确保运输安全。(依据《管规》第十六条，《专用线管理办法》第三十一条)

4. 应采取的处理措施

(1)中间站保留及甩挂作业的货物列车，发现罐车上部有杂物，应通知铁路局集团公司调度，及时处理。(依据《管规》第四十二条，《货检规》第六条)

(2)配有视频监控系统的货检站发现车辆顶部有杂物时，应在列或甩车整理，并按规定拍发电报通知有关单位。(依据《货检规》第二十三条、第二十五条)

四、散装粮食车装货口盖未关闭

散装粮食车部分装货口盖未关闭，如图 4-5 所示；散装粮食车装货口盖全部未关闭，如图 4-6 所示。

图 4-5 散装粮食车部分装货口盖未关闭

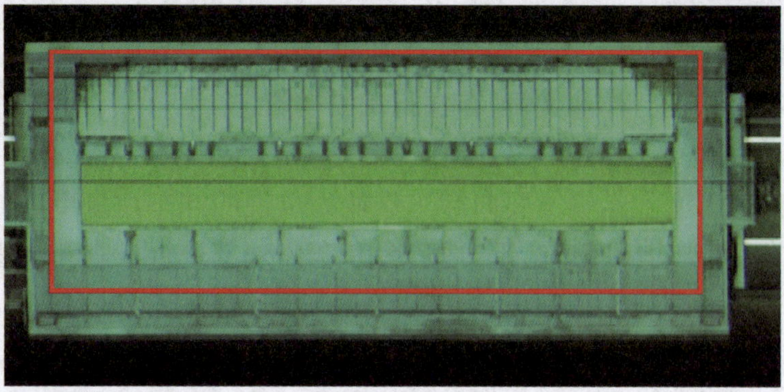

图 4-6　散装粮食车装货口盖全部未关闭

1. 主要问题及原因

(1)装车时,企业运输员未做好监装,未向装车人员说明注意事项,装车后未进行装货口盖是否关闭妥当的检查,导致问题发生。(依据《专用线管理办法》第二十七条、第二十八条)

(2)专用线货运员未按规定进行交接检查,造成装车后的散装粮食车装货口盖未关闭上线运行,是问题发生的重要原因。(依据《管规》第十六条,《专用线管理办法》第三十一条)

2. 安全风险及隐患

(1)装车单位不按规定关闭散装粮食车装货口盖,可能导致散装粮食车被雨水淋湿,造成粮食损失,存在货运安全风险。

(2)散装粮食车装货口盖未关闭,在雨季将导致粮食损坏,并加大车辆超载风险,若超载严重,导致车辆旁承压死,列车通过曲线或道岔时,存在列车脱轨或颠覆的安全隐患。

3. 作业标准

(1)装车时,企业运输员要负责监装,向装车人员说明注意事项,装车后要进行装货口盖是否关闭妥当的检查,发现问题及时处理。(依据《专用线管理办法》第二十七条、第二十八条)

(2)专用线货运员应按规定进行交接检查,若发现散装粮食车装货口盖未关闭,组织作业人员按规定进行处理。(依据《管规》第十六条,《专用线管

理办法》第三十一条)

4. 应采取的处理措施

(1)中间站保留及甩挂作业的货物列车,发现散装粮食车装货口盖张开,车站要及时关闭。(依据《管规》第四十二条,《管规》第六条)

(2)配有视频监控系统的货检站或现场作业检查发现散装粮食车装货口盖未关闭,应在列或甩车整理,并按规定拍发电报通知有关单位。(依据《货检规》第二十三条、第二十五条)

五、散装粮食车上有杂物

散装粮食车装货口盖上有1.7 m左右铁锹,如图4-7所示。

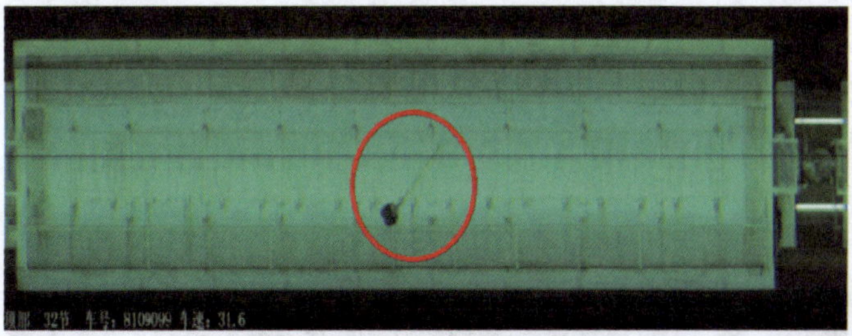

图4-7 散装粮食车装货口盖上有1.7 m左右铁锹

1. 主要问题及原因

(1)装车时,企业运输员未向装车作业人员说明装车注意事项,装车后未对散装粮食车顶部进行检查和清理,导致问题发生。(依据《专用线管理办法》第二十七条、第二十八条)

(2)专用线货运员未按规定进行交接检查,未发现散装粮食车装货口盖上有1.7 m左右铁锹,是问题发生的重要原因。(依据《管规》第十六条,《专用线管理办法》第三十一条)

2. 安全风险及隐患

(1)装车单位不按规定清理车辆上的杂物,在列车运行中,杂物可能脱落,击打邻线机车车辆、行车设备、线路作业人员,存在安全风险。

(2)散装粮食车顶部有杂物,在列车运行中,杂物易脱落,击打邻线旅客列车玻璃,伤及旅客人员生命和财产,存在行车安全隐患。

3. 作业标准

(1)装车时,企业运输员要向装车作业人员说明装车注意事项,装车后要对散装粮食车顶部进行检查和清理,发现问题及时处理。(依据《专用线管理办法》第二十七条、第二十八条)

(2)专用线货运员应按规定进行交接检查,发现散装粮食车装货口盖上有铁锹要组织清理,确保运输安全。(依据《管规》第十六条,《专用线管理办法》第三十一条)

4. 应采取的处理措施

配有视频监控系统的货检站发现车辆顶部有杂物时,应在列或甩车整理,并按规定拍发电报通知有关单位。(依据《货检规》第二十三条、第二十五条)

六、路料未卸净造成严重偏载

2021 年 5 月 7 日甲站排空车(K13K5500409),因工程单位未卸净有残货 13.9 t,造成严重偏载 268 mm,如图 4-8 所示。

图 4-8　路料未卸净严重偏载

1. 主要问题及原因

(1)工程单位卸车时,石砟漏斗车操作人员卸车完毕后没有检查车辆是否卸干净，导致问题发生。

(2)工程单位卸车负责人未对卸车完毕的车辆进行检查，导致车辆严重偏载，是问题发生的重要原因。(依据《技规》第三百八十四条)

2. 安全风险及隐患

(1)工程单位不按规定对卸后的车辆进行检查，存在石砟卸不干净，进而造成车辆偏载或偏重，条件耦合时会发生列车脱轨或颠覆等行车事故，存在行车安全风险。

(2)石砟未卸净发生严重偏载，车体向偏载方向倾斜，易发生车辆旁承压死，当列车通过曲线或道岔时，存在列车脱轨或颠覆的安全隐患。

3. 作业标准

(1)装卸车单位卸车作业人员按规定进行卸车，并对卸车情况进行检查，防止车辆卸不干净。

(2)装卸车单位卸车现场指挥人员，做好卸车后的复检，符合规定后，允许列车开车。(依据《技规》第三百八十四条)

4. 应采取的处理措施

配有视频监控系统和货运计量系统的货检站对卸车后的路用列车要认真检查，发现路料未卸净时，不得放行。组织装卸车负责人对问题车进行在列整理，不能在列整理时甩车整理，并拍发电报通知施工单位及其上级主管部门，抄送铁路局集团公司货运部门。(依据《货检规》第二十三条、第二十五条)

七、JSQ 型汽车运输专用车端门开启

甲站回送一列 JSQ 型车，到达乙货检站，货检人员接车时发现 $JSQ_6$7531070 端门开启，如图 4-9 所示，车内配置的抱轮式紧固装置从车地板长圆翻边孔处脱垂到线路，如图 4-10 所示，乙货检站在列按规定整理，影响列车运行 50 min。

1. 主要问题及原因

(1)装卸作业人员卸车完毕后没有将车内配置的抱轮式紧固装置收起，也未将车辆端门按规定关闭，导致问题发生。(依据《装卸安技规》第十七条)

(2)货运员(监装卸人员)未严格执行交接检查验收规定，是造成上述问题发生的重要原因。(依据《装卸安技规》第十八条，《装卸管规》第四十三条)

图 4-9　JSQ6 型车端门开启

图 4-10　抱轮式紧固装置脱垂到线路

2. 安全风险及隐患

(1)装卸车单位未按规定关闭车门，未按规定收起抱轮式紧固装置，可能发生开启的车门和脱垂的紧固装置刮打邻线机车车辆、行车设备、线路作业人员，存在行车安全风险。

(2)抱轮式紧固装置脱垂，易刮伤道岔尖轨，使列车车辆进四股，发生列车脱轨或颠覆等事故，存在行车安全隐患。

3. 作业标准

(1)装卸作业人员卸车完毕后要将车内配置的抱轮式紧固装置收起，将车辆端门按规定关闭，确保符合规定。(依据《装卸安技规》第十七条)

(2)货运员(监装卸人员)要严格执行交接检查验收规定，发现问题及时

组织作业人员进行处理，符合规定后签认“装卸作业单”。（依据《装卸安技规》第十八条，《装卸管规》第四十三条）

4. 应采取的处理措施

配有视频监控系统的货检站和现场作业检查发现车门开启和紧固装置脱垂时不得放行，应在列整理或甩车整理，并按规定拍发电报通知有关单位。（依据《货检规》第二十三条、第二十五条）

第五章　装　　卸

铁路装卸作业是完成铁路运输任务的重要保障，但是在实际工作中，作业人员违章作业常会导致以下问题发生。

一、卸车后未清理线路

散堆装货物卸后未清理线路，造成货物掩埋钢轨，如图 5-1 所示。

图 5-1　散堆装货物卸后掩埋钢轨

1. 主要问题及原因

（1）在铁路货场卸车，散堆装货物卸后未及时清理线路，导致散堆装货物将铁路线路掩埋问题的发生。（依据《管规》第十五条）

（2）装卸人员卸车时未执行货物堆码标准的规定，未落实“货物距钢轨头部外侧要保持 1.5 m 以上”的要求，是问题发生的重要原因。（依据《装卸安技规》第十五条、第十七条）

（3）卸车完毕后，货运员未按规定进行验收和检查，也是问题发生的原因之一。（依据《装卸安技规》第十八条，《管规》第十五条）

2. 安全风险及隐患

(1)卸车后,装卸人员未清理掩埋的铁路线路,在取送车辆调车作业时,可能发生车辆脱轨,存在调车作业安全风险。

(2)未落实卸车货物距钢轨头部外侧要保持 1.5 m 以上要求,危及调车作业人员上下车或顺线路行走人身安全,存在调车作业安全隐患。

3. 作业标准

(1)卸车作业完毕后,装卸人员应立即清理线路,将货物集中堆放,保持自然坡度,距钢轨头部外侧不得小于 1.5 m。(依据《管规》第十五条,《装卸安技规》第十五条、第十七条)

(2)卸车作业完毕后,货运员要严格执行验收和检查的规定。(依据《装卸安技规》第十八条,《管规》第十五条)

4. 应采取的处理措施

调车人员在取送车作业时,应按规定检查铁路线路情况,发现线路被货物掩埋时,不得调动车辆,应通知货运部门进行清理,符合规定后方可调动车辆。(依据《车站行车工作细则》)

二、接触网杆倒杆

2023 年 8 月 27 日,××装卸搬运队在甲站货 3 线装车作业过程中,装载机铲斗刮碰货 19 号至货 20 号接触网杆间的接触网架空地线,造成货 18 号接触网杆倒杆,侵入货 3 线限界,如图 5-2 和图 5-3 所示。

1. 主要问题及原因

(1)在电气化铁路区段,××装卸搬运队在甲站货 3 线装车作业过程中违规作业,装载机铲斗刮碰接触网架空地线,造成接触网杆倒杆问题发生。(依据《装卸安技规》第六十八条)

(2)辅助人员未做好防护,是问题发生的重要原因。(依据《装卸安技规》第七十六条)

2. 安全风险及隐患

(1)在电气化铁路接触网下装卸作业,装载机作业人员违规作业时,可能发生铲斗升起时刮碰接触网设备,造成接触网断线或接触网杆倒杆,存在损坏运输设备安全风险。

图 5-2　接触网架空地线

图 5-3　接触网杆倒杆

(2)装载机铲斗刮碰接触网架空地线造成接触网杆倒杆,易导致货场作业人员触电伤亡或砸伤(死)装卸作业人员、砸坏装卸机具等,存在装卸作业安全隐患。

3. 作业标准

(1)在电气化铁路区段,装卸作业人员、机具(旋转、伸缩功能的机械设备,其最大活动范围)、货物与接触网等牵引供电设备高压带电部分须保持 2 m 以上距离,与回流线、架空地线、保护线须保持 1 m 以上距离。距离不足时,作业前须将牵引供电设备停电。装卸机具、货物不得碰触接触网的任何部位和支柱。[依据《电气化铁路有关人员电气安全规则》(铁运〔2013〕60 号,以下简称《电气安全规则》)第七条,《装卸安技规》第二十九条]

(2)装卸机械作业前,作业人员要了解装卸机械走行路线及作业区内行车设施、电杆、电线(缆)等情况,防止刮碰。(依据《装卸安技规》第六十八条)

(3)装载机等机械装卸散堆装货物时,辅助人员须戴安全帽、与机械间隔至少一车作业,并在其作业车辆的醒目位置用红旗(灯)进行防护。(依据《装卸安技规》第七十六条)

(4)货运员在现场进行重点监装,发现危及作业安全时,立即停止作业,并及时指出,装卸人员改正后方可进行装卸作业。(依据《管规》第十五条)

4. 应采取的处理措施

在货场,货运员发现装载机铲斗刮碰接触网架空地线造成接触网杆倒杆时,应对现场进行防护,正确指挥装卸人员远离其 10 m 以上,同时指导装载机驾驶人员双脚并拢或单腿跳跃,脱离危险区。同时立即通知车站行车部门,并向供电调度报告。(依据《电气安全规则》第十二条)

三、装卸问题三例

[案例 5-1] ××钢管有限公司装卸队在甲站货场卸车作业中,将卸到货位上的钢管呈“井”字形摆放,且未对堆码的钢管采取有效防滑措施,导致卸车过程中码放的钢管垮塌,将停于 32 道的第 51 位(空车)和第 52 位(钢管重车)车辆连接处顶起,2 辆车各有 2 个车轮悬空,如图 5-4 所示。

[案例 5-2] A 局集团公司管内××专用线(铁路产权)装车时,装车单位用自卸式翻斗汽车,如图 5-5 所示,在简易装车高平台上直接将货物倒入敞车内,敞车受到惯性冲击发生侧翻,全车轮对脱轨,如图 5-6 所示。

图 5-4　堆码钢管垮塌顶起车辆

图 5-5　自卸式翻斗汽车

图 5-6　敞车侧翻，全车轮对脱轨

[案例 5-3] B 局集团公司管内××专用线(铁路产权)在装铁矿粉作业过程中,因装车料斗掉落砸坏货车,如图 5-7 所示。

图 5-7 料斗掉落砸坏货车

1. 主要问题及原因

(1)卸车单位未对钢管采取安全的堆码,且未采取有效打掩挤牢措施,导致卸车过程中码放的钢管垮塌,造成车辆悬空问题的发生。(依据《装卸安技规》第十五条)

(2)装车单位违规作业,用自卸式翻斗汽车在简易装车高平台上直接将货物倒入敞车内,造成敞车受到惯性冲击发生侧翻、全车轮对脱轨问题的发生。(依据《装卸安技规》第二十一条)

(3)装车单位未按规定操作装车料斗,造成料斗掉落砸坏货车问题的发生。(依据《装卸安技规》第一百二十八条)

(4)以上案例中装卸车单位违规作业和违规操作设备,是导致问题发生的直接原因。

2. 安全风险及隐患

(1)装卸车单位不按规定作业、不按规定操作设备,可能导致堆放的货物垮塌冲撞敞车,造成敞车悬空;自卸汽车直接向敞车装货物,可能造成敞车脱轨;违规操作料斗机械,可能发生料斗掉落砸坏敞车,存在装卸作业安全风险。

(2)堆码的钢管垮塌,存在车辆悬空的安全隐患;在简易装车高平台上直接将货物倒入敞车内,存在车辆侧翻和脱轨的安全隐患;违规操作装车料斗,存在料斗掉落砸坏货车的安全隐患。

3. 作业标准

(1)易滚动的货物应垂直于线路堆放，平顺整齐，打掩挤牢，防止磕碰挤压，不应斜插交错，不得在货物上登爬、坐卧、站立和走动。(依据《装卸安技规》第十五条)

(2)敞车装大块货物时，应先用碎料垫底后再缓慢装入，禁止直接向车内砸装。(依据《装卸安技规》第二十一条)

(3)作业时，机械的料斗应落位适当，用力均匀，防止损坏车辆。(依据《装卸安技规》第一百二十八条)

4. 应采取的处理措施

(1)装卸车单位在作业过程中发生车辆脱轨和车辆损坏时，应立即通知货运人员，由货运人员通知主管部门，按规定启动应急救援预案。(依据《装卸管规》第七十六条)

(2)装卸车单位不得私自处理事故车辆，如单位或个人隐瞒事故将对其依法依规进行追责。(依据《中华人民共和国安全生产法》第八十三条)

四、吊卸集装箱造成车辆脱轨

2023 年 5 月 17 日 21 时 30 分，A 局集团公司××线甲站在货物线 14 道使用门吊对车辆(NX_{70A}5483866)进行吊卸集装箱作业过程中，因门吊司机起吊前未进行低速短程试吊确认集装箱锁孔与平车 F-TR 锁脱开，而是直接快速吊起集装箱，造成集装箱锁孔与平车 1 位端右侧第一个 F-TR 锁未脱开，使得平车被一并吊起，发现后将车辆放下时，车辆 1 位台车脱轨，23 时 55 分脱轨车辆起复，如图 5-8 和图 5-9 所示。

1. 主要问题及原因

(1)门吊司机违章作业，起吊前未进行低速短程试吊确认集装箱锁孔与平车 F-TR 锁脱开，而是直接快速吊起集装箱，造成平车被一并吊起，导致问题发生。(依据《装卸安技规》第一百三十六条)

(2)装卸班长与起重工分开负责装车和卸车指挥作业，造成门吊集装箱作业时辅助人员不足 2 人；在担任卸车信号指挥时，辅助作业人员站立位置不当，不能同时看清司机和负载，未确认集装箱试吊、起吊情况，使用电台遥

图 5-8 车辆脱轨起复后痕迹 1

图 5-9 车辆脱轨起复后痕迹 2

控盲目指挥作业，是问题发生的主要原因。（依据《装卸安技规》第一百三十六条）

（3）货运员没有在现场对货物线 14 道装卸车作业进行监卸，是问题发生的重要原因。（依据《装卸管规》第四十三条，《管规》第十五条）

2. 安全风险及隐患

（1）集装箱作业人员分工不合理、指挥不到位、监卸不到位，可能造成车辆脱轨，存在装卸作业安全风险。

（2）门吊司机臆测作业，容易导致作业损坏集装箱或车辆，存在装卸作业安全隐患。

3. 作业标准

(1)辅助作业人员不得少于 2 人。其中一人担任卸车信号指挥时,站立位置正确,要求能看清司机和负载;另一人要确认集装箱试吊、起吊情况,使用电台遥控指挥作业。(依据《装卸安技规》第一百三十六条)

(2)门吊司机起吊前应先以低速挡点动起升 100 mm 左右,确认集装箱角件孔与车辆 F-TR 锁头分离后,方可继续起升。集装箱角件孔与车辆角座连挂、卡死时,应立即停止,落箱后点动缓钩排除。起吊过程中负荷突然加大,应立即停车,通知辅助人员检查处理,严禁臆测起吊。(依据《装卸安技规》第一百三十六条)

4. 应采取的处理措施

货运员应对现场货物线集装箱装卸车作业进行监卸,发现违章作业时,立即制止,并要求现场作业人员立即改正后,再进行作业。(依据《装卸管规》第四十三条,《管规》第十五条)

五、货场汽车侧翻砸坏铁路车辆

2022 年 5 月 6 日 12 时 15 分,A 局集团公司××线甲站货场站台汽车卸货(铁精粉)时侧翻,砸上货物线停留空敞车(C_{64K}4945581),造成敞车车体变形,如图 5-10 和图 5-11 所示。

图 5-10　汽车侧翻砸上敞车

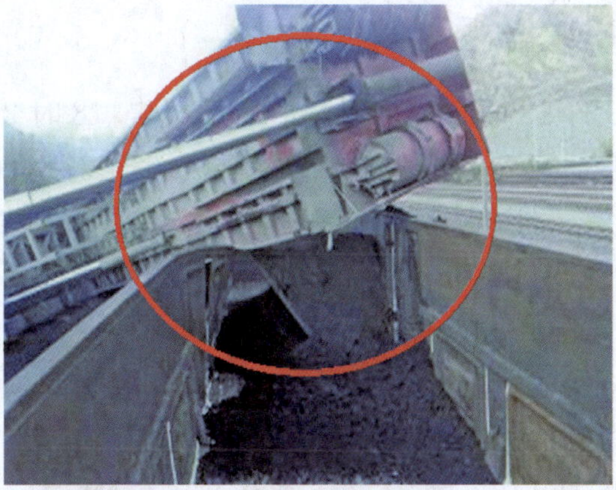

图 5-11 砸坏敞车致车体变形

1. 主要问题及原因

(1)汽车司机在明知铁精粉与车体粘黏的情况下,没有寻找装卸人员帮助,冒险动车起顶卸车造成车厢偏载侧翻,导致问题发生。

(2)汽车运输公司日常管理不到位,甲货运中心日常组织不到位,是问题发生的重要原因。(依据《装卸管规》第八条)

2. 安全风险及隐患

(1)汽车司机违章私自动车起顶卸车,可能造成汽车侧翻,条件耦合时可能发生汽车砸坏铁路车辆或现场作业人员,存在装卸作业安全风险。

(2)汽车司机在明知铁精粉与车体粘黏的情况下,没有寻找装卸人员帮助,冒险动车起顶卸车,存在汽车车厢偏载侧翻的安全隐患。

3. 作业标准

(1)汽车司机在货场卸车时,应按规定作业,不得私自卸车和动车。

(2)货场货运员应按规定进行监装作业,发现违反规定作业时立即制止。(依据《管规》第十五条)

4. 应采取的处理措施

汽车司机在卸铁精粉时,对车内粘黏的铁精粉,应通知现场装卸负责人,由其组织装卸人员进行清理,清理时按规定作业,确保人身安全。

六、电厂专用线车辆脱轨

2020 年 1 月 8 日 18 时 53 分，甲站值班员报告：18 时 20 分甲站电厂专用线 1 道调车机车推车时，车辆 1 位端（一台车）第 1 轮对脱轨（C_{64K}4661550，空车），如图 5-12 所示。经现场核查，基本轨与牵引平台轨错位，如图 5-13 所示。

图 5-12　轮对脱轨

图 5-13　基本轨与牵引平台轨错位

1. 主要问题及原因

(1)甲站电厂专用线 1 道调车机车推车时违规操作，导致问题发生。

(2)甲货运中心与电厂未签订“专用线、专用铁路运输协议”，是问题发生的重要原因。（依据《管规》第十六条）

2. 安全风险及隐患

(1)如电厂线路设备质量存在问题以及维护不当或操作不当,可能发生车辆脱轨,存在装卸作业车调移安全风险。

(2)企业专用线设备质量存在问题以及维护不当或操作不当,易导致调车过程中出现事故,影响装卸作业,存在安全隐患。

3. 作业标准

(1)电厂作业人员应按规定对设备的质量进行检查,发现问题按规定维修,并按时维护设备,按规定操作。

(2)卸车时,企业运输员要向卸车人员说明注意事项,提示卸车重点,检查安全防护设施,并负责监卸。(依据《专用线管理办法》第二十九条)

4. 应采取的处理措施

(1)专用线发生车辆脱轨时,企业应按规定通知车站,不得私自处理。

(2)车站应按规定逐级报告,并组织开展救援工作。(依据《装卸管规》第七十六条)

七、装卸违章作业

2023 年 1 月 13 日 23 时 50 分,A 局集团公司××线甲站 1 线 66～68 号支柱间下锚非支承力索被××装卸队抓料机(图 5-14)行驶过程中刮断,引起××变电所××供电臂跳闸,如图 5-15 所示,重合闸成功。经供电处理,于 1 月 14 日 4 时 12 分恢复供电,影响设备正常使用 4 h 22 min。

图 5-14　肇事抓料机

图 5-15　下锚非支承力索被刮断导致供电臂跳闸

1. 主要问题及原因

(1)××装卸队司机在驾驶抓料机行驶过程中，发现防止压坏电缆沟盖板铺设的钢板移位侵限，违章操作抓料机对侵限钢板进行拨移，作业中抓料机刮断甲站1线66～68号支柱间下锚非支承力索，导致问题发生。

(2)甲站对委托装卸作业监装监卸不到位，对委托装卸队安全管理、教育培训监督指导不力，是问题发生的重要原因。(依据《装卸管规》第七十二条)

2. 安全风险及隐患

(1)抓料机驾驶人员违章作业，可能刮断接触网设备，造成停电，影响运输安全，存在货物装卸作业安全风险。

(2)在电气化铁路区段，抓料机驾驶人员违规操作，将支柱间下锚非支承力索刮断，导致接触网跳闸，影响列车运行安全，存在货物装卸作业安全隐患。

3. 作业标准

(1)抓料机驾驶人员应严格执行《装卸安技规》，不得在带电的接触网下装卸作业。(依据《装卸安技规》第二十九条)

(2)现场负责人应正确指导作业人员按规定作业,不得违章指挥作业。

4. 应采取的处理措施

装卸人员发现为防止压坏电缆沟盖板铺设的钢板移位侵限时,应立即报告,由装卸负责人指挥机具和作业人员,按规定进行移除工作,不得刮碰接触网设备设施,确保作业安全。